U0042221

柏林 的
100種生活

Die 100 Leben eines Berliners

前衛藝廊×公園野餐×百年咖啡館×電影場景
在歐洲的中心過日子

她就是我的柏林

如果你問我：「提起柏林會想到什麼？」當然，第一個，我會想到蘇打綠在那完成了一張專輯。如果你繼續追問：「那第二個你會想到什麼？」我翻攪記憶，我想我會回答：「Dido！」

當我第一次去柏林的時候，很幸運地，我就認識了 Dido。台灣的朋友就這樣把我們托付給素未謀面的她，她倒也就義不容辭地日日當起導遊。她帶我們去過很多地方，有必去的景點，也有獨家的私人推薦；有時抄著奇異的捷徑，有時刻意繞一大圈，讓我們光走走路就體驗到各種柏林面貌。

她帶我們走過的每一隅柏林，都伴隨著她點點滴滴說出的各種故事，那都是屬於她的詩歌。那些不只是翻翻旅遊指南得到的歷史故事，不只是描繪破碎的夢，抒發百年的憂傷；而是認真生活才能編織出穿在其身的一襲衣著。那樣的詩歌在平凡生活中，可以烹煮咖啡，端上佳餚；可以點燃愛火，引起神秘，任人幻想。

所以，當我們打開大門，看見輕掃而過的落葉，那裡有她的詩歌；早餐裡的殘渣，有今日旅程的預言，那裡有她的詩歌；市集或路邊攤位，翻飛的各種語言，那裡有她的詩歌；熱鬧而帶著危險氣氛的街頭，就隱身在清潔體面的大路中，那裡有她的詩歌……

看她寫的書亦是如此，那是熱愛生活的人，才能密密縫製的一幅針繡地圖，讓人想跟著這些故事前行，寫下自己的故事，插上自己的地標；就算不去旅遊，也能走進無數的街道，走進一篇篇迷你的小說。但是我們千萬別在原地等著，要去大街上盛迎。

我於是更瞭解了，只有在認真的生活裡，我們才能遇見同伴，遇見知己，那是我們的窩巢，我們可以進行常年的對話。所以即便我只是看著她寫下的文字，我也覺得我在與她對話，原來那只是因為我們認識，而是她翩翩的詩歌，讓柏林與你對話了。

寫到這裡，我也更確定，提到柏林，我會想到 Dido。因為她，就是我的柏林。

吳青峰 / 蘇打綠主唱

前言

　　與一座城市相遇就像談一場戀愛，愛情的啟蒙通常有兩種：第一種是驚豔的陌生人，初識時你不認得他，後來慢慢察覺到他種種美好，便深陷其中而不可自拔；第二種是熟悉的陌生人，你雖然沒有真正與他打過照面，卻已經從親朋好友的口中認識了這樣一個充滿魅力的人物，有點像螢幕裡的明星，當他成為了一種嚮往，你從未遇見便已愛上。

　　暗自決定要來德國的那天，我到天母誠品的旅遊書籍區，想好好認識這個國家。在一般的歐洲旅遊書中，有一本書的封面，上面放的不是香腸與豬腳，而是一顆切‧格瓦拉的頭像，徑自在一片象徵左派的紅色中舉杯，那是老柏林簡銘甫的《乾杯！柏林大街》：

　　很少有一個城市，會把地下文化變成主流文化。但是柏林這個地方，標榜的就是另類。講白一點，龐克音樂、嬉皮文化、公社運動、跳蚤市場、塗鴉、同志社群、有機飲食、前衛藝術等等，百花齊放。

　　這幾行字開啟了我與柏林的第二種相遇，德國電影《替天行盜》裡有句經典對白「三十歲以前不是左派的人沒有靈魂，三十歲以後還是左派的人沒有大腦。」紅色烏托邦的字裡行間，彷彿藏了各種隱喻，讓二十歲的狂熱靈魂搔癢難耐，叫人直想飛越半個地球，與柏林見上一面窺探謎底。

　　近三十歲，住在柏林的七年後慢慢才懂得，小時候用叛逆跟很酷解讀的那些，城市裡的離經叛道，如果沒有市政、居民溫柔的放任，柏林無法長成任性得如此令全世界的遊客喜愛著迷的樣子，書中藉由柏林值得一去的旅遊小點介紹，提到了藝術文化、創新產業、移民關懷，以及人們所重視的生活形態，希望能帶給閱讀這本書的朋友，更多面向的柏林。

　　祝福所有遇見柏林的旅人們，也都能享受與這座城市如痴戀如目盲如此生僅只一會的浪漫時刻，我仍在沉醉的當下，而我想翻著這本書的你的心，必定已經在飛往柏林的路上。

Contents

Chapter 1
柏林基本介紹

12 柏林的 10 個關鍵字

14 交通資訊

16 市內交通

19 柏林節慶一覽表

20 柏林行程推薦

24 來柏林必做的 15 件事

Chapter 2
Mitte 米特區

32 EIGEN+ART 不只是一間藝廊

34 Pauly Saal 米其林星星餐廳

35 Judische Mädchenschule 舊猶太女子學校

36 Clärchens Ballhaus 二戰至今的百年舞廳

38 Princess Cheesecake 公主起司蛋糕 &
   猶太咖啡館

40 Do you read me?! 藝術雜誌專賣店

41 Rike Feurstein 瘋狂製帽師的帽子店

42 KW Institute for Contemporary Art
   奶油工廠裡的當代藝術中心

44 KaffeeMitte 來柏林喝第一杯咖啡

45 b- flat 柏林爵士樂迷的音樂饗宴

46 Apartment 地下室的時尚秘密基地

47 Give Box 大城市小衣櫃

48 Haus Schwarzenberg 塗滿一道巷子

50 Hackescher Höfe 哈克雪院子

52 Barcomi 舞伶的典雅早餐店

54 Zeit fur Brot 麵包狂與手工肉桂卷

56 Lebensmittel in Mitte
   沒有豬腳的德國家庭廚房

Chapter 3
Prenzlauerberg 普林茲勞爾山區

60 Donath 私房義大利小餐館

61 Redwood 一期一會紅木頭調酒吧

62 Lunettes Selection 新的復古眼鏡店

63 Spätkauf Choriner Straße 柏林的柑仔店

66 Bearpit Karaoke 柏林人的露天卡拉 OK

68 Bonanza 第三波咖啡在柏林

70 Kastanienallee 柏林 86 公社：嬉皮的家

72 Café Anna Blume 以詩為名的咖啡館

73 Café Bücherbaum 樹裡的圖書館

74 Werkstatt der Süße Bisous! 法式甜點店

75 Weinerei 自由付費的葡萄酒吧

76 Kulturbrauerei 文化釀酒廠

77 The Barn（Roastery） 格調狂的滴漏咖啡

78 Piano Salon Christophori 倉庫鋼琴沙龍

Chapter 4 |
Friedrichshain 腓特烈斯海因區

83 Boxhagener Platz 最後的左派樂園

84 Kiez Kino 最適合擁抱的鄰居電影院

86 Café-Creperie MELT 法式家庭可麗餅

88 RAW Gelände 廢棄鐵道工廠的創意市集

90 Karuna Café Pavillon 卡魯納涼亭咖啡館

91 Oberbaumbrucke 老橋上看夕陽

92 Hops & Barley Hausbrauerei
　　柏林自釀啤酒屋

94 Michelberger Hotel 設計人的文藝旅店

96 Warschauer Brucke 華沙大橋

98 Café Tasso 書咖啡

99 Veganz 素食超市與餐廳

100 YAAM Beach Open Air 沙灘酒吧

Chapter 5 |
Kreuzberg 十字山區

104 Burgermeister 傳說中最好吃的漢堡

106 Berlin Best 3 Ice Cream Shops
　　柏林 TOP3 冰淇淋店

108 Club der Visionäre 在白日夢酒吧做白日夢

109 White Trash 惡魔的搖滾樂餐廳

110 Berlin Badeschiff 河上的漂浮游泳池

112 Luzia 插畫酒吧

114 Hamam 女子土耳其浴

115 Smyrna Kuruyemis 土耳其瓜子店

116 Roses Bar 酷兒的玫瑰酒吧

118 Voo Store 院子裡的潮流店

122 Görlitzer Park 哥利茲公園

123 Hühnerhaus 36 土耳其烤雞店

124 3D Schwarzlicht Minigolf 夜光迷你高爾夫

126 Café Edelweiss 小白花咖啡館

128 Baraka 摩洛哥風味轉轉拼盤

131 Bergmannstraße 二手咖啡街

133 Fachwerkhof 柏林的四合院：手工藝院子

134 Knofi 土耳其香料咖啡廳

136 Mustafa's Kebab 歐洲遊客最愛的炒蔬菜
　　土耳其卷餅

Chapter 6 |
Neukölln 諾伊克爾區

142 Five Elephant 五隻大象烘培咖啡

143 Hüttenpalast 露營車旅舍

144 Türkischer Markt am Maybachufer
　　河邊的土耳其市集

145 TandurLasan 熱騰騰的土耳其窯烤餅

146 Roamers Café 美好咖啡廳

148 Admiralbrücke 河邊的聚會地點

152 Hard Wax 傳奇電子樂黑膠唱片行

154 Neukölln 48 hour 諾伊克爾 48 小時藝術節

156 Bass Cadet Record store 古董衣黑膠唱片行

157 Picnic Berlin 野餐出租店

158 Klunkerkranich 停車場頂樓酒吧

Chapter 7 |
柏林書店 & 文具店指南

164 Dussmann 柏林大型文化百貨書店

166 Pro-qm 柏林最佳設計書店

168 Shakespeare & Sons 向巴黎左岸致敬！
　　莎士比亞與他的兒子

170 Berliner Büchertisch 柏林的書桌

172 R.S.V.P 紙的專賣店

173 Pomeranza Design Ranch 社區設計小店

174 Modulor 設計人的材料星球

176 柏林大學圖書館 & 洪堡大學格林中心

Chapter 8 |
柏林電影場景

180 城市片場

181 Wings of Desire《欲望之翼》

182 The Lives of Others《竊聽風暴》

186 Run Rola Run《蘿拉快跑》

188 Good bye, Lenin!《再見列寧！》

190 OH BOY《柏林男孩》

Chapter 9 |
柏林公園 & 市集指南

＊私房公園指南

196 Preußenpark 普魯士公園，最泰國的風景

198 Tempelhofer Feld 機場公園

200 Freiluftkino 電影公園，夏日露天影院

＊私房市集指南

202 Boxhagner Platz 哈根盒子廣場市集

203 Winterfeldtplatz 溫特費爾特廣場市集

204 Kollwitzplatz 珂維茨四六市集

＊私房跳蚤市場指南

208 Mauerpark 橫跨東西德的市集

210 Kunstmarkt 博物館島與藝術市集

212 Arena Hallentrödelmarkt 工廠跳蚤市場

Chapter 10 |
柏林夜遊指南

＊私房夜店指南

218 Berghain 鐵克諾樂迷的狂歡聖地

222 Salon Zur Wilden Renate 分租公寓 Club

224 About Blank 關於空白

＊私房廢墟指南

226 Teufelsberg 真與假的魔鬼之山

230 Spreepark 施普雷河遊樂園廢墟

232 Beelitz-Heilstätten 貝利茲療養院廢墟

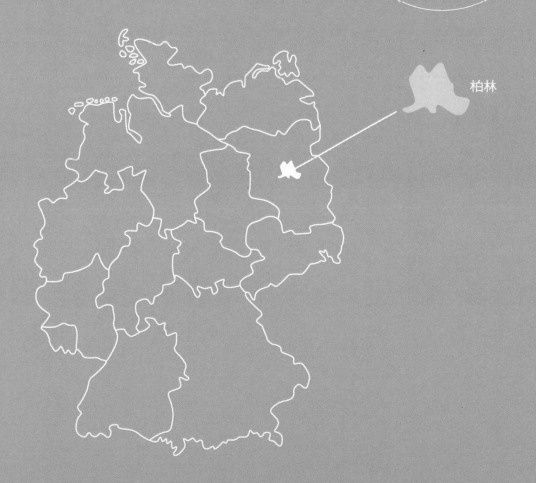

Chapter 1
基本資訊

柏林

柏林的
10 個關鍵字

01 首都

無論文化、政治、學術，柏林都是全球聚焦城市，也是世界重大歷史事件的主要舞台。

02 位置

位於德國東北部，四面被布蘭登堡邦環繞，施普雷河和哈弗爾河為主要河流。柏林市內綠地遍佈，城市三分之一的土地由森林、公園、花園、河流和湖泊組成。

03 時差

冬季較台灣晚 7 小時；四月至十月（夏季日光節約時間）較台灣晚 6 小時。

04 人口

約 350 萬人，面積約 891 平方公里，約是台北市的四倍大。

05 氣溫

春 9 度、夏 18 度、秋 9 度、冬 1 度。

06 郵務

一張寄海外的明信片郵資為 0.90 €，可投黃色遞郵筒或找號角標誌的郵局。

07 小費

小費一般為總金額的 5%~10%，或補到歐元整數即可。

08 精神

圍牆倒塌後，柏林人以崇尚自由的生活方式聞名於世。

09 工作

主要是服務業。近年為歐洲新創中心，德國政府以優惠稅率以及低廉的租金吸引新創公司（Start-Up Company）來柏林創業，明鏡周刊還曾大篇幅報導，柏林這股即將成為歐洲矽谷的發展潛力。從米特區、普林茨勞爾山區，到東十字車站的古典建築裡，都有一群和全球連線的年輕人。

10 水質

生水為硬水，可直接飲用，礦泉水分為氣泡水 (Mit Kohlensäure)、非氣泡水 (Ohne Kohlensäure)。

交通資訊
Travel Information

火車

目前台灣到柏林沒有直飛的飛機。旅人可搭直飛航班到法蘭克福，或者轉機至漢堡，再搭乘德鐵 DB 的城際火車 ICE 至柏林中央車站。

持有當日德鐵票券的人，如果在中央車站轉乘市內快車 S-Bahn，不必額外買票。轉乘地鐵 U-Bahn 則需加購車票，因為 S-Bahn 隸屬德鐵公司，而 U-Bahn 及其他黃色的大眾運輸工具如公車及街車，則歸柏林地鐵公司 BVG 管轄。

飛機

搭飛機來柏林的朋友，會降落在泰戈爾機場（Tegel Airport）或舍訥費爾德機場（SXF）。柏林布蘭登堡機場（BER）也計劃在 2017 年之後開始運作。

泰戈爾機場（Tegel Airport）：僅能搭乘機場快捷公車或一般公車至市區，目的地為東邊的朋友可搭至中央車站轉乘 S-Bahn，西邊的朋友可搭至動物園站轉搭 S-Bahn 及 Bahn。

舍訥費爾德機場（SXF）：可直接搭 RE、RB 火車進市區，較快速且較簡單。

泰戈爾機場（Tegel Airport）

公車號碼	行經路線	轉乘資訊
TXL	Flughafen Tegel – S Beusselstraße – S+U Hauptbahnhof	可搭至中央車站 S+U Hauptbahnhof 轉 S5 S7 S75 U55
X9	Flughafen Tegel – S+U Jungfernheide – S+U Zoologischer Garten	可搭至動物園 S+U Zoologischer Garten 站轉 S5 S7 S75 U2 U9
128	Flughafen Tegel – U Kurt-Schumacher-Platz – U Franz-Neumann-Platz – U Osloer Straße	可搭至 U Franz-Neumann-Platz 轉乘 U9 地鐵線
109	Flughafen Tegel –U Jakob-Kaiser-Platz – S+U Jungfernheide –S +U Zoologischer Garten	可搭至動物園站轉 S5 S7 S75 U2 U9

★單程票價：2.7 €

舍訥費爾德機場（SXF）

公車號碼	行經路線
RE7 / RB14	一路往北再往西行駛，途經：Ostbahnhof - Alexanderplatz 亞歷山大廣場 - Friedrichstraße - Hauptbahnhof 中央車站 - Zoologischer Garten 動物園站
RB22	先往西到波茨坦，再轉回柏林市中心向東行駛，途經：Potsdam Hauptbahnhof - Zoologischer Garten 動物園站 - Hauptbahnhof 中央車站 - Friedrichstraße

註：乘客也可選擇搭 S Bahn 及公車進市中心，但路線比較複雜，且需多次轉乘，建議先至機場服務台索取柏林市內交通路線圖

柏林布蘭登堡機場（BER）

公車號碼	行經路線
機場快捷公車	20 分鐘內抵達 Alexanderplatz，後停 Hauptbahnhof 與 Zoologischer Garten

大眾運輸費率

單程票	用途	區域	票價
一般票 Einzelfahrausweis	打票後兩小內為限，距離不限，也可下車再上車重複搭乘，但須往同一方向	AB BC ABC	€ 2.7 € 3 € 3.3
短票 Kurzstrecke	打票後兩小內為限，公車與街車可坐六站的距離，快鐵及地鐵則能坐三站	AB	€ 1.7
四次票 4-Fahrten-Karte	可獲得四張一般票	AB	€ 9
延展票 Anschlussfahrausweis	另外如果你已經買了 AB 區，卻臨時要去 C 區或 BC 區臨時進 A 區，需臨時加購一區的票時可買延展票	A/C	€ 1.6

★未滿 6 歲的小孩可免費搭乘任何大眾運輸，6~14 歲則可買優惠票。

短期票	用途	區域	票價
一日票 Tageskarte	可在任何時間購買，打票後啟用當日可持票搭乘任何市內大眾運輸，隔日凌晨三點起失效	AB BC ABC	€ 7 € 7.3 € 7.6
小團體一日票 Kleingruppen-ageskarte	規則與時效和一日票相同，並最多可五人共乘	AB BC ABC	€ 17.3 € 17.6 € 17.8
七天週票 7-Tage-Karte	可在任何時間購買，打票後啟用七天內可持票搭乘任何市內大眾運輸	AB BC ABC	€ 30 € 31.1 € 37.2

★未滿 6 歲的小孩可免費搭乘任何大眾運輸，6~14 歲則可買優惠票。

遊客票	用途	區域	票價
兩日票 Berlin Welcome Card	兩日車票，持票各個柏林觀光景點 75 折	AB ABC	€ 19.5 € 21,5
三日票 Berlin Welcome Card	三日車票，持票各個柏林觀光景點 75 折	AB ABC	€ 27.5 € 29.5
72 小時 + 博物館票 Berlin Welcome Card	三日車票，持票各個柏林觀光景點 75 折，博物館島內所有博物館免費入場	AB ABC	€ 42 € 44
四日票 Berlin Welcome Card	持票可享各個柏林觀光景點 75 折	AB ABC	€ 31.5 € 34.5
五日票 Berlin Welcome Card	持票可享各個柏林觀光景點 75 折	AB ABC	€ 35.5 € 40.5
六日票 Berlin Welcome Card	持票可享各個柏林觀光景點 75 折	AB ABC	€ 41.5 € 45.5
柏林 48 小時票 Berlin Citytour Card	兩日車票，持票可享部份柏林觀光景點、水族館、遊船折扣	AB ABC	€ 17.5 € 19.5
柏林 72 小時票 Berlin Citytour Card	三日車票，持票可享柏林市內觀光景點、水族館、遊船折扣	AB ABC	€ 25.5 € 26.5
柏林四日票 Berlin Citytour Card	持票可享柏林市內景點及設娛樂施折扣	AB ABC	€ 29.5 € 32.5
柏林五日票 Berlin Citytour Card	持票可享柏林市內景點及娛樂設施折扣	AB ABC	€ 33.5 € 38.5
柏林六日票 Berlin Citytour Card	持票可享柏林市內景點及娛樂設施折扣	AB ABC	€ 39.5 € 43.5

★一張票可帶最多三個 14 歲以下的小孩。

市內交通

柏林 ABC 三區交通

柏林市內交通以市中心為圓心，往外劃分為 ABC 三區，買票時通常以區域劃分為 A ＋ B / B ＋ C / A ＋ B ＋ C 三種票段，一般旅遊景點及本書介紹的地點都是 AB 區涵蓋的範圍，如果沒有規劃波茨坦皇宮的行程，買 AB 區的票即可。

買票與打票

柏林大眾運輸發達，市內快鐵 S-Bahn、地鐵 U-Bahn、公車、街車（路面電車）Tram 一票通用，打票後 2 小時內有效，轉乘不需額外購票。乘坐大眾運輸時，記得買票及打票，如被便衣查票員抓到逃票，可能會被罰 60 歐。如果買票但未打票，仍可能會受罰。（建議初訪者向站務人員詢問打票方式）

公車

柏林公車皆為低底盤，對要扛行李上下車的旅客及坐輪椅的朋友都很方便。公車站牌上的時刻表區分為週一至五 (Montag~Freitag)、週六 (Samstag)、週日 (Sonntag)，N 開頭的公車為夜間巴士，Bus 100 與 Bus 200 途經東西柏林的各個重要觀光景點，是柏林旅遊最佳的路線。

街車（Tram）

柏林的街車 (Straßenbahn) 是世界上最古老的有軌電車系統之一，停靠 808 個站。由於兩德曾分裂，柏林交通系統因此被分為東西兩個分部，現存的街車均位於東柏林地區內，而西柏林地區內的街車均已被巴士替代。

快鐵與地鐵 S+U Bahn

柏林地鐵於 1902 年開始運營，今日路網共有 10 線 173 站，139 站位於地下，以柏林市區為中心點向外放射。在冷戰期間，柏林地鐵被分成了東段和西段，當時如果有西柏林的乘客坐上貫穿東西柏林的線路如 U2，地鐵經過東德區域的車站會過站不停，那些車站因而空蕩冷清，也因此被冠上「幽靈車站」（Geisterbahnhöfe）的名號。

TiP

柏林地鐵公司 BVG 的網站相當實用，只要在首頁輸入起始地、目的地及選擇出發或抵達時間，便會顯示乘車資訊、抵達目的地所需時間、班車誤點或是施工等訊息。也可下載官方 APP，裡面除了乘車資訊，也有柏林地鐵圖，非常好用！

公共自行車

　　柏林的腳踏車車道規劃完善，天氣晴朗時在柏林騎車，更能隨意穿梭、細訪城市各個角落。而近年全球興起的腳踏車電商大戰，自然也延燒到了屬於歐洲腳踏車之都之一的柏林，包括和德鐵的官方合作夥伴 Lidl-Bike、藍色的 Nextbike 和來自新加坡的 Obike，都正搶佔著柏林的共享單車市場。不過大部分的柏林人早已經擁有一台屬於自己的腳踏車，這樣隨騎隨停的腳踏車租賃服務，也許更適合短暫停留柏林的觀光客。

　　另外值得一提的是，前陣子在某家共享單車電商公司工作的朋友驚奇地告訴我，他們在柏林總是接到在其他國家很少見的一項客訴請求—— 請刪除我的騎行路線數據！

　　這樣頻繁地請求，不知道到底代表的是，柏林人特別具有保護隱私的意識呢？還是時常會去那些不可告人的秘密場所，不想要被任何人察覺，那就不得而知了！（笑）

Call a Bike

　　Call a Bike 在主要路口、地鐵站和主要觀光景點，放置了超過 1650 輛紅銀色的自行車，租用後每半小時加 1 歐，一天 12 歐。S-Bahn 維修的夏天通常都有前 30 分鐘免費服務。

Car Sharing

　　只要換了國際駕照，也可以輕鬆地在柏林使用汽機車隨租隨停的服務。目前最大的兩家汽車共享品牌為 Car2go 與 DriveNow。Car2go 隸屬賓士旗下系統，提供兩人座藍白色都會小車 Smart，而 DriveNow 背後是 BMW 集團，因此在 DriveNow 找得到 Mini 與 BMW 的各種車系，可容納多人。

　　因應趨漸廣大的歐洲機車市場，兩家電商公司各自推出了 eMio 與 Coup 兩個機車共享品牌。Coup 使用的機車為來自台灣的 gogoro 電動環保機車，想騎著台灣品牌在柏林的大街小巷穿梭朋友，記得出國前換好國際駕照，把它與國內駕照和護照一起收好，放進行旅行包包！

柏林節慶
一覽表

一月
- 柏林現代舞季 Days of Dance Berlin
- 柏林春季時裝週 Berlin Fashion Week

二月
- 柏林影展 Berlinale - International Film Festival
- 柏林塗鴉藝術節 Berlin Graphic Days

三月
- 新世紀古典樂季 MärzMusik
- 恐怖電影節 Fantasy Filmfest Nights

四月
- 柏林藝廊週 Gallery Weekend Berlin
- 柏林唱片節 Record Store Day

五月
- 文化嘉年華 Carnival of Cultures

六月
- 同志大遊行 Lesbian and Gay City Festival
- 伊諾克爾 48 小時藝術節 48 Hours Neukölln
- 柏林夏季時裝周 Berlin Fashion Week
- 柏林當代藝術雙年展 Berlinbiennale
  （6～9月）

七月
- 古典露天音樂會 Classic Open Air at Gendarmenmarkt
- 露天藝術節 Open Air Gallery

八月
- 柏林國際啤酒節 International Berlin Beer Festival
- 博物館長夜開放日 Long Night of Museums

九月
- 柏林馬拉松 Berlin Marathon
- 國際文學季 International Literature Festival Berlin

十月
- 柏林燈光節 Festival of Lights
- 德國統一日 Day of German Unity Celebrations

十一月
- 柏林爵士樂季 Jazzfest Berlin
- 聖誕市集 Christmas Markets in Berlin

十二月
- 聖誕市集 Christmas Markets in Berlin
- 跨年派對 New Year's Eve Parties

柏林
行程推薦

観光版

1 Day Berin Trip

Brandenburger Tor › Museumsinsel › Haus Schwarzenberg › East Side Gallery › Oberbaumbrücke › Mustafa's Kebap & Curry 36

布蘭登堡門 › 博物館島 › 哈克雪院子塗鴉巷 › 柏林圍牆東區藝廊 › 奧伯鮑姆橋看夕陽 › Mustafa 沙威瑪與 Curry 36 咖哩香腸

2 Days Berlin Trip

• Day 1

Brandenburger Tor › Denkmal für die ermordeten Juden Europas › Reichstagsgebäude › Tiergarten Café am Neuen See › Kaiser-Wilhelm-Gedächtniskirche › Monkey Bar/NENI Restaurant

布蘭登堡門 › 猶太人紀念碑 › 國會大廈圓頂 (需預約) › 提爾花園湖邊咖啡 › 威廉一世教堂 › 猴子屋頂酒吧與 NENI 混合料理餐廳 (可搭乘 100 號公車，自亞歷山大廣場隨時上下車)

• Day 2

Gedenkstätte Berliner Mauer › Mauerpark Flohmarkt › East Side Gallery › Oberbaumbrücke › Mustafa's Kebap & Curry 36

柏林圍牆紀念館 › 圍牆公園跳蚤市場 › 柏林圍牆東區藝廊 › 奧伯鮑姆橋看夕陽 › Mustafa 沙威瑪與 Curry 36 咖哩香腸

3 Days Berlin Trip

• Day 1

Kaiser-Wilhelm-Gedächtniskirche ⟩ Siegessäule ⟩ Berliner Philharmonie ⟩ Sony Center ⟩
Berliner Dom ⟩ Hackesche Höfe ⟩ Lebensmittel im Mitte

威廉皇帝紀念教堂 ⟩ 勝利女神柱 ⟩ 柏林愛樂廳 ⟩ 索尼中心 ⟩ 柏林大教堂 ⟩ 哈克雪庭院 ⟩ 德國菜 Lebensmittel im Mitte

• Day 2

Brandenburger Tor ⟩ Denkmal für die ermordeten Juden Europas ⟩ Reichstagsgebäude ⟩
East Side Gallery ⟩ Oberbaumbrücke ⟩ Mustafa's Kebap & Curry 36

布蘭登堡門 ⟩ 猶太人紀念碑 ⟩ 國會大廈圓頂 (需預約) ⟩ 柏林圍牆東區藝廊 ⟩ 奧伯鮑姆橋看夕陽 ⟩ Mustafa 沙威瑪與 Curry 36 咖哩香腸

• Day 3

KZ Sachsenhause ⟩ Schloss Charlottenburg ⟩ Ku'damm & KaDeWe

薩克森豪森集中營 ⟩ 夏洛滕堡宮 ⟩ 選帝侯大街與 KaDeWe 百貨

3 Days Berlin Trip

• Day 1

Barcomi's Deli › KW › Auguststraße › Pauly Saal › Haus Schwarzenberg › Weinmeisterstraße › The Barn › RAW Gelände › YAAM Beach Bar

舞伶的咖啡店吃早餐 › 柏林當代藝術中心 › 八月藝廊街逛畫廊 › 平價米其林餐廳 › 塗鴉巷 › 酒大師站巷子小店 › The Barn 喝手沖咖啡 › 廢棄鐵道工廠 › 沙灘酒吧

• Day 2

Roamers Café › Türkischer Markt Maybachufer › Hardwax › Hühnerhaus 36 › Schwarzlicht Minigolf › Luzia › Berghain

美好咖啡館早餐 › 河邊土耳其市集 › 電子黑膠唱片行 › 旋轉烤雞攤 › 螢光迷你高爾夫 › 插畫酒吧 › Berghain Clubbing

• Day 3

Prinzessinengarten › Modulor › Mustafa's Kebap › Bergmann Straße › Berliner Büchertisch › Piano Salon Christophori

公主花園現採食材早餐 › 設計人的材料星球 › 炒蔬菜土耳其沙威瑪 › 咖啡街逛二手衣 › 二手書店 › 倉庫鋼琴音樂會

4 Days Berlin Trip

· Day 1

Zeit für Brot › Deutsches Historisches Museum › Haus Schwarzenberg › RSVP › Lebensmittel im Mitte ›
Clärchens Ballhaus

麵包狂最愛的麵包店 › 德國歷史博物館 › 塗鴉巷 › 紙的文具店 › 道地德國餐廳 › 百年舞廳

· Day 2

Anne Blume › Arkonaplatz › Gedenkstätte Berliner Mauer › Berlin Unterwelten Tour › Kulturbrauerei Alltag in
der DDR › Donath › Wienerei

詩人早午餐 › 阿寇那跳蚤市場 › 柏林圍牆紀念中心 › 柏林地底世界導覽 › 文化釀酒廠（東德日常展館）
› 私房義大利小餐館 › 自由付費葡萄酒吧

· Day 3

Türkischer Markt Maybachufer › Hardwax › Mustafa's Kebap › Tempelhofer feld › Burgermeister › Aldemir Eis ›
Badeschiff

露天土耳其市集 › 電子黑膠唱片行 › 炒蔬菜土耳其沙威瑪 › 機場公園騎腳踏車、野餐 › 鐵軌下公廁漢堡
店 › 義大利鬆餅冰淇淋店 › 河上的游泳池游泳

· Day 4

Karl Marx-Allee › Café Tasso › Raw Gelände › Veganz › Melt › Volkspark Friedrichshain › Freiluftkino

馬克思大道看列寧式建築 › 書咖啡 › 廢棄鐵道工廠塗鴉 › 素食超市 › 法式家庭可麗餅 › 露天電影院

來柏林必做的
15 件事

01 吃一份街頭小吃

如果說一個城市的氣味來自街頭小吃，那柏林聞起來就是 Döner 與咖哩香腸。Döner Kebap 是像沙威瑪一樣的旋轉烤肉串小吃，在土耳其語中，Döner 意味著旋轉，而 Kebap 就是烤肉。初來柏林的朋友總會錯認 Döner 為來自中東的 Shawarma，事實上 Döner 是土耳其移工改良家鄉烤肉串後，在柏林發明出來的速食料理。其使用的麵包與醬料，都有異於中東或土耳其的沙威瑪。餅內夾薯條、僅包新鮮炒蔬菜的素食 Döner，也是柏林式旋轉烤肉的獨有特色。 另一種必吃的柏林小吃是「咖哩香腸」，位於 U2 地鐵站 Eberswalder Straße 的鐵軌下 Konnopke's Imbiss（小吃攤），與連鎖店 Curry 36 最受觀光客歡迎。

02 像柏林人一樣喝啤酒

帶有氣泡感的啤酒，是旅人來德國無論冬夏都必須暢飲一番的飲料。而到了柏林，你不只得喝，還得更「柏林」的喝！

如何像柏林人一樣喝酒？

❶ 河邊湖邊喝：
啤酒花園（Biergarten）是柏林人夏天喝啤酒的地方。也可以懶懶地躺在河堤躺椅或沙灘草皮上，和朋友有一搭沒一搭的聊，有一口沒一口地喝。Spree 河畔有許多沙灘酒吧，例如牙買加風情的 YAAM Beach、 博物館島上的 Strandbar Mitte、還有河邊的聚會地點 Admiralbrücke、 Holzmarkt Pampa 都是舒服閒適，能讓人好好放空又不過於荒僻的河岸沙灘。而喜歡安靜的朋友，最好買一手啤酒，到郊區或是城市森林公園如各個 Volkspark、Tiergarten 裡的湖泊旁，將啤酒冰鎮在湖裡，躺一下午，聽樹葉的沙沙聲，看白雲悠晃。

❷ 到小農市集買啤酒：
柏林產的啤酒因小麥品種及水質氣候，多偏酸。當紅的 Pale Ale 精釀啤酒和高啤酒花與酒精濃度的 IPA 啤酒帶有果香、草地、土壤的氣味，因此廣受消費者歡迎，也是小農時常釀造的啤酒種類。一般柏林小農的自釀啤酒，多會寄賣在各個區域雜貨店，或是直接上市集擺攤，如果趕不上市集，也可以到連鎖啤酒小店 Getränkefeinkost 購買。

❸ 到廢墟屋頂喝啤酒：
這是只有少數柏林人才知道的秘密基地。抵達這座屋頂，需要一點點勇氣、一點點好奇心和一點點體力。這荒廢超過二十年的 Bärenquell 釀酒廠尚未有任何開發計劃，因此閒置的建築物變成塗鴉藝術家的練習畫布、附近孩子放課後的玩樂基地、廢墟探險者的挖寶處以及看夕陽的秘密場所。無酒的釀酒廠，人去樓空；酒沒了，只等有心旅人，爬上屋頂乾杯了。

03 等一杯手沖咖啡

慢、咖啡、刺青、i 字頭產品還有 Berlin Kreuzberg（十字山區），這幾個單字大概可以組成柏林小資文青的樣子。柏林有名的「客人慢慢等手沖咖啡店」數不勝數，像是和時尚概念店結合的 Companion Coffee、哈根盒子廣場附近的 Silo、柏林最有名的烘培咖啡 Bonanza Coffee、The Barn 等。如果不想和一般慕名而來的觀光客人擠人，私心推薦日本咖啡師朋友開的窄窄咖啡廳 Channel，它隱身在釀酒廠 WBB 不到兩張褟褟米大小的空間中。

04 晃一圈獨立書店

在柏林說獨立書店很奇怪，因為本來就見不到幾家大型的連鎖書店。除了文化百貨 Dussmann，幾乎所有街頭巷尾的書店都是小本經營的獨立書店。想買二手書，到跳蚤市場或 Berliner Büchertisch；想逛最有設計感的書及書店，請到 Pro-qm；喜歡恐怖小說，Hammett 和 Dorotheenstädtische Buchhandlung 等著你；要邊吃邊看，Leseglück 與 Café Tasso 有食物； 看不懂德文，Shakespeare&Sons 找得到英文書。

05 翻一翻跳蚤舊貨

出生前就上映的電影、爺爺年輕時流行的圓框眼鏡、詩人的苦痛和難以理解的隻字片語，那都是人生裡根本不曾經歷過也離日常生活好遠的非必要產品。不過，嚮往這些非必要似乎又是必須的，至少觸碰它們，能減輕人們總活得那麼物質與現實的悵然。蹲在地上翻一翻跳蚤市場上的老東西，成了文青來柏林的必須：必須逛一逛最大的跳蚤市場 Mauerpark； 必須上 Arkonaplatz 遠離觀光客；必須到 Fehrbelliner Platz 看看老人賣自家舊物；雨天則是必逛室內跳蚤市場 Arena Hallentrödelmarkt。

06 拍一條塗鴉的路

　柏林的城市塗鴉世界聞名，為街頭藝術之都。幾個比較著名的塗鴉如義大利藝術家 Blu 的 Pink Man，用數以千計的小人爬滿一座夜店的外牆；比利時的 ROA，將死去的動物吊在土地被樓房淹沒的熱鬧街口；法國的塗鴉團體 SOBR，則以 It's Time To Dance 為題創作；還有安妮日記主角 Anne Frank 的塗鴉畫像，在自己的紀念館門口唱著猶太悲歌。柏林是官方容許塗鴉的城市，如果你正走在柏林街頭，試著拍一條塗鴉的路，也想想自己生活的城市的未來。

07 買電子黑膠

　如果你聽電子樂，來柏林時記得去黑膠唱片行 Bass Cadet Records 走走看看，或是到在鐵克諾樂（Techno）歷史有舉足輕重影響力的 Hard Wax 朝聖。Hard Wax 隱身在一座安靜的庭院舊樓中，裡頭有試聽區可以安靜坐在裡面聽音樂。喜歡爵士樂的人可以拜訪 Jazz Dreams，那兒有海量的爵士黑膠；Melting Point 與 Oye Records 賣的則是偏重 House 及 Disco 風格的電子黑膠唱片。

08 去夜店前排隊

　要跑夜店，就要去柏林。或者反過來說，來柏林不可少的行程就是跑夜店。這是歐洲旅客對柏林的首要印象。以難排隊入場著名的 Berghain 是電子樂迷的朝聖地；想認真聽實驗性 Techno 的專業樂迷可以留在入場後的第一個舞池；Tresor 在柏林有特殊地位，它不僅佔地最大，同時也是歷史上支撐起柏林 Club 產業與電子音樂的首要功臣；Sisyphos 比其他夜店都還要新，不受觀光客侵擾，當地人說那裡的 DJ 都是最有潛力的；Salon zur Wilden Renate 是非常柏林風格的居家夜店；Stattbad wedding 比舊工廠更酷，是廢棄市立游泳池改建的音樂及藝術表演場地。綜合所有 Club 優點，隱密又有露天場地的 About Blank，時常結合社會議題舉辦 Party，是非常有態度、音樂質量高的 Club，只是 About Blank 的守門人也同樣很有「態度」，排隊前建議參考一下 Berghain 的入場攻略。

09 聽一場 Techno 音樂節

Fusion Festival 與 Melt 是兩個最著名的柏林電子音樂節,每年都有超過六萬人次參與。Feel Festival、Sputnik Springbreak 和前兩個音樂節比起來相對年輕,近年受歡迎的程度卻不亞於 Fusion 及 Melt。Feel 的地點在湖區,帳篷區域直接駐紮在水邊,被評為是近年德國整體氛圍最好的音樂節;Sputnik Springbreak 則有最親民的價格,不花錢請大牌且偏好新銳 DJ,是業界人士與專業表演者最關注的音樂節。最後推薦 Greenwood Festival 給擔心交通問題的朋友,它位於 Kiekebusch 湖旁,距離柏林市區只有 30 公里,如果不想紮營,聽完一天的表演還能回旅館洗場熱呼呼的熱水澡。

10 到公園躺草皮

如果你是從另一個都市來的,記得抽空去看看那些我們奇怪的同類在五光十色的領地內,費盡心思擠出的那一點點綠。環保意識在歐洲萌芽的時間早,柏林城市綠地不少,如紐約中央公園的 Tiergarten 是城市的肺;大大小小的人民公園 Volkspark,花草樹木多得像森林;Treptower Park 有湖有櫻花,國會大廈前的草皮也很適合躺一下午;熱門的城市農場也值得推薦,公主花園 Prinzessinnengarten 及有導覽的 ECF Farmer's Market,都能入內參觀。

⑪ 選一條湖，跳下去游

柏林近郊有許多湖泊，遠一點的坐火車轉小船，近一點的，地鐵站下車就能看見大片湖水。最方便抵達的湖泊是位於 Wedding 區的 Plötzensee；最淺的是 Schlachtensee；既方便又安靜的是西南邊別墅區的 Krumme Lanke（私心喜歡，離車站不遠的 Haus am Waldsee 藝廊是棟很美的獨棟洋房，可以在它的後院湖邊野餐）。其他宛如秘境般更遠離城市塵囂的 Sacrower See、Groß-Glienicker See 也不難抵達。如果有時間，帶上一些食物，一個舒適的小枕頭，轉搭渡船到杳無人跡之地，褪去一身疲憊及衣服，赤裸地縱身跳入清澈的天然湖水中，是柏林能贈與旅人的難得體驗。

⑫ 探一探地底故事

致力保存柏林地下文物的 Berliner-Unterwelten（柏林地底世界），開發了各種柏林地底的導覽路線，有的參觀希特勒的地下碉堡、有的是二戰時期的防空洞、有的帶你走一條冷戰時期，東德民眾逃往西德所挖的地底隧道。最新路線如「希特勒的大日耳曼計劃」以及追溯「柏林之水」的主題，都非常引人入勝，有興趣的朋友可以上他們的官網 berliner-unterwelten. de，選一條不為人知的地底路線參觀。

⑬ 冒一場廢墟的險

喜愛探險的朋友，不妨趁那些被遺棄之地尚未整型之前去走走，聽一聽他們終將會被最後一個人遺忘的故事，像是說著東德人童年的廢棄遊樂園 Spreepark、隨著工廠搬遷而關閉的西門子車站 Siemensstadt、世紀末結核病人的安養地貝利茨療養院 Beelitz-Heilstätten、人去樓空，只剩燒杯與冰櫃的解剖學研究中心 Anatomie Institut FU。

14 分一分東西柏林

柏林城市裡處處刻著冷戰的歷史。喜歡看諜報電影的朋友，可以參觀秘密警察博物館 Stasimuseum，以及前往西方陣營的監聽站魔鬼山 Teufelsberg；喜歡建築的朋友，可以從電視塔 Fernsehturm 散步到卡爾‧馬克思大道 Karl-Marx-Allee，行走的時候別忘了低頭看看是否踩過了兩德的交界線 Mauerweg。Mauerweg 是柏林地面上一條古銅色的線，由線往天空的方向垂直延伸 3.6 公尺，就是從前圍牆的高度。想看被留下的圍牆可以到貝爾瑙爾街 Bernauer Strasse 及東區藝廊 East-Side Gallery；從前美軍援助西柏林這座孤島的空投站，就在廢棄的滕博爾霍夫機場 Tempelhofer Feld。

15 坐一趟觀光船

如果腳痠，不想走太多路，遊船是個很棒的觀光方式。施普雷河 Spree 全長 403 公里，橫貫東西柏林。遊船有多種路線，時間最長可達 3 小時。如果不想花太長的時間待在船上，可以選擇約莫 1 小時途經政府區、博物館島、總理府 Bundeskanzleramt、國會大廈 Reichstag、尼可拉斯古城區 Nikolaiviertel 的路線。如果時間充裕，可選擇 3 小時的航行環繞柏林一圈，各區風情盡收眼底。從現代的政府區向東行駛，沿途建築物上的塗鴉越顯張狂，再向南開，河道漸窄，兩岸綠蔭拍碎一地晨光，這時船長會揚起廣播告訴乘客：「柏林是歐洲橋最多的城市。」往西最遠到夏洛登堡 Schloss Charlottenburg 迴轉至市中心，途經動物園，聽一場西方版的兩岸猿聲啼不住，一路傳到勝利女神 Siegessäule 柱上拍照的遊客、傳到在彎彎曲曲的紅色建築群間慢跑的人，再回到終點。

Chapter 2

Mitte

米特區

Mitte 米特區

DO YOU HAVE A PET?
HOW DO YOU CALL YOUR MOTHER?
WHAT KIND OF JOB DOES YOUR FATHER?
DO YOU THINK YOU ARE REALLY ADDICTED TO FACEBOOK?
ARE YOU JELAOUS?
...YOUR LONGEST PHONE CALL?
HOW OFTEN DO YOU WASH YOUR CLOTHES?

EiGEN+ART

不只是一間藝廊

Eigen + Art

☎ 030 2806605

🌐 www.eigen-art.com

🏠 Auguststraße 26, 10117 Berlin

🚇 S1 Oranienburger Straße

　　八月街的藝廊櫛次鱗比，其中比較著名的幾家藝廊像是 Galerie Deschler、Galerie Schwind、Galerie EIGEN+ART，在裡面展出作品或簽約的藝術家大都在當代藝術界有一定的影響力，因此每年九月的 Berlin Art Week，可以看到許多專業級的買家在藝廊內詢價、翻閱資料，或拿著紅白酒在街上高談闊論。

　　許多藝廊外牆上，會出現一根類似安迪沃荷為地下絲絨樂團設計的搖滾香蕉，那是德國藝術家 Thomas Baumgärtel 化名為香蕉噴霧器（Bananensprayer）所做長達二十年的計劃案。目前全球已經有四千多間美術館及藝廊被藝術家貼上「香蕉認證」標籤，有機會來到八月街的朋友可以一起來觀察看看，有香蕉認證的藝廊是不是真的有其特別之處。

Pauly Saal

米其林星星餐廳

　　坐落於舊猶太女子學校的 Pauly Saal，除了供
應傳統德國及奧地利菜外，也加入猶太美食的
創意在料理中。當年同是藝術收藏家的老闆，
為了一圓餐飲夢，賣掉多年的收藏品後才孕育
出 Pauly Saal 及 Grill Royal 兩家餐廳。

　　多年以後，除了得到米其林的肯定，老闆也
一一尋回開業之初賣掉的畫作，並收藏於餐廳
內的私人包廂中。如果無緣與老闆的收藏面對
面，不妨奢侈一下，品嚐 Pauly Saal 35 歐元高
貴不貴的午餐。

註：相對於其他米其林餐廳，Pauly Saal 的用餐環境更愜意舒適。
午餐時刻，客人能在寬敞明亮的空間裡，透過大片玻璃隔間的
半開放式廚房，一邊看廚師如何穿梭在一道道的料理間，一邊
享用細緻的美味。

Pauly Saal

☎　030 33006070

◎　www.paulysaal.com

⌂　Auguststraße 11, 10117 Berlin

🚉　S1 Oranienburger Straße

Jüdische Mädchenschule

舊猶太女子學校

在柏林現代藝術中心（KW）斜對面的前猶太女子學校（Jüdische Mädchenschule），1930 年搬遷到八月街上。1933 年，因公立學校就學人數限制法令，使得私立的猶太女子學校由 300 多位學生遽升為 1000 人，直至 1942 年 6 月 30 號，納粹統治期間才關閉。爾後，裡面的猶太教師與學生多被驅逐出境或慘死於集中營。在反省過後的今天，這所短暫傳承猶太文化的建築已交由柏林的猶太社群管理，現作為美食及文化用途，租給了藝廊、博物館及有著兩顆星星的餐廳 Pauly Saal。

Jüdische Mädchenschule

 030 33006070

 www.maedchenschule.org

 Auguststraße 11-13, 10117 Berlin

 S1 Oranienburger Straße

Clärchens Ballhaus

二戰至今的百年舞廳

八月街上遺落的，還有兩顆歷史的明珠，在藝術進駐這條街近百年前，於二戰期間輝煌一時。一顆是當時的夜總會 Clärchens Ballhaus，一顆是 1930 年搬來至此的猶太女子學校。

Clärchens Ballhaus 是柏林現存最老的舞廳。一次大戰前，Fritz Bühler 與他的妻子 Clara 的夜總會開張時，兩層樓的建築包含二樓的鏡廳及一樓的舞廳，它除了提供兩次大戰期間，曠男怨女們暫時逃離戰事，一個飲酒作樂、歡快跳舞的交際場所外，在戰後美蘇對峙期間冷戰的鐵幕下，Clärchens Ballhaus 還因時常被指定為東西柏林人民相約時的地點而知名。

在圍牆倒塌後二十餘年，這間深具時代意義的夜總會由 Clara 的子女們繼續經營著，雖然名聲遠不及從前響亮，卻也更貼近這個戰後的新時代。除了開辦各種不同的社交舞課程外，星期一到星期三晚上九點以後也有主題舞蹈時間，Salsa、Tango、Swing 交替上場，於是在 Clärchens Ballhaus 裡不再出現穿著軍裝及小禮服的男女，來來往往的只有喜愛跳舞的人們，在百年不變的舞廳內旋轉著同樣的舞步。

Clärchens Ballhaus

📞 030 2829295

🌐 www.ballhaus.de

🏠 Auguststraße 24, 10117 Berlin

🚆 S1 Oranienburger Straße

Princess Cheesecake

公主起司蛋糕 & 猶太咖啡館

如果你是那種看到粉紅色就眼花、聞到玫瑰香就打噴嚏、錯過好吃的蛋糕無所謂、對浪漫極度過敏的人,千萬不要嘗試走進公主起司蛋糕店。

蛋糕店如其名,從老闆、甜點師、服務生甚至是產品攝影師,都是由美麗女性所組成的團隊,所以她們烘焙的甜點有別於一般德式蛋糕的粗獷與紮實,不僅帶著令女孩兒們尖叫的精緻繽紛造型,蛋糕內裡溫潤綿密的口感,連男孩嚐了也會迷醉。

喜歡吃酸的朋友可以點檸檬塔;胡蘿蔔蛋糕、罌粟籽蛋糕(Poppy Seed)則是在亞洲比較少見的選項,而百香果起司蛋糕是我的口袋名單第一名,起司散發的奶香和果酸相互提味,這兩種味道相輔相成卻又各自精彩的功力,讓薯條和番茄醬這種組合成為了搞笑搭檔。

另外公主起司蛋糕店對面有間神秘的猶太咖啡館,據說咖啡很好喝,但營業時間不詳,根據附近猶太教堂警衛的小道消息指出,老闆看心情開店,幸運碰上營業時間的朋友,記得把握機會,偷渡帶兩塊公主蛋糕進去喝杯猶太咖啡吧。

Princess Cheesecake

030 28092760

www.princess-cheesecake.de

Tucholskystraße 37, 10117 Berlin

S1 Oranienburger Straße

Do you read me?!

藝術雜誌專賣店

　　一座城市、一家店、一個人、一件物品，要令人感到舒服，相對位置的合理性，很重要。

　　譬如說，靠山靠海的九份，如果兀自出現在 Las Vegas 旁的沙漠，就成了熱情之城，而不是帶著鹹味的悲情城市；又譬如，專賣女性主義書籍的女書店，如果從公館遷至西門町，好像甩開主義二字，女書店的「女」就似乎變得無足輕重。

　　八月街的書店 Do you read me?! 就是一個令人感到合理的舒適空間，彷彿有這條街以來，它就應該在那兒了。 Do you read me?! 的選書是以藝術、時尚、攝影、建築、室內設計為主題的雜誌，同時配合八月街上各大藝廊及當代藝術中心的展覽檔期，定期舉辦講座及販賣相關刊物。

　　展覽的人潮餵養了藝術書店，而書店裡的文化養份刺激人們參與藝文活動的熱情，當一間店被放對了位置，八月街從此就川流不息。

Do You Read Me ?!

☎ 030 69549695

🌐 www.doyoureadme.de

🏠 Auguststraße 28, 10117 Berlin

🚇 S1 Oranienburger Straße

Rike Feurstein

瘋狂製帽師的帽子店

　　不是鳳飛飛歌迷的朋友在這裡買了七頂帽子,溫柔的男店員仔細量了朋友的頭圍,再一頂頂輪著讓朋友試戴,然後不厭其煩的問 Size 是否剛好,包裝時堅持每一頂帽子必須放在不同的帽盒裡。當作品成為商品,再交到下一個擁有人手中,買賣的價值,就是在這樣細緻對待商品與客人的過程中提高,而這也是我來德國後,第一次感受到服務業的存在。

　　Rike Feurstein 人稱瘋狂製帽師,是帽子界的時尚新星。作品融合四〇、六〇年代的優雅與當代的創意解構風格。無論是拿破侖頭上戴的,代表階級地位的二角帽;還是卓別林總與拐杖搭配在一起的紳士帽,Feurstein 都能從這些經典中,重新詮釋帽子的美麗及現代意義。

Rike Feurstein

http://www.rikefeurstein.com/de

Rosa-Luxemburg Straße 28, 10178 Berlin

U2 Rosa-Luxemburg Straße

奶油工廠裡的當代藝術中心

　　活絡於八月街的藝廊大都是在 90 年代中後期進駐的。1991 年，現任紐約當代藝術博物館 MoMA 的知名策展人 Klaus Biesenbach，與一群年輕藝術家在八月街上廢棄的奶油工廠成立柏林當代藝術中心（KW Institute for Contemporary Art）。

　　在東西德開始統一，百廢待舉的柏林，邀請世界各地的藝術家將自己的作品，移入這棟僅剩水泥灰牆外露的五層樓空間內。其團隊 BB（Berlin Biennale für zeitgenössische Kunst）並於 1996 年開始策劃第一屆的柏林雙年展，1998 年時，雙年展的成功讓 KW 從此聲名大噪，並吸引了無數藝術家及藝廊在此活動，為八月街帶來了源源不絕的活力與生機。

KW Institute for Contemporary Art

030 2434590

www.kw-berlin.de

Auguststraße 69, 10117 Berlin

S1 Oranienburger Straße

KaffeeMitte

來柏林喝第一杯咖啡

　　朋友十年前來柏林時，喝的第一杯咖啡就是來自 KaffeeMitte。好巧不巧，我的第一杯咖啡也是。這樣的巧合有其緣故，KaffeeMitte 位於柏林歌德學院正前方，從世界各地來學德文的外國人，都是在 KaffeeMitte 喝下第一杯咖啡，感受異鄉的溫度。而這樣的溫度帶給朋友的是無可替代的歸屬感，於是，她認定了這裡是她在柏林可以回去的地方。

　　人的一生只有一個故鄉，卻能在各處有自己的家。雖然 KaffeeMitte 之於我，只是一家供應美味朝鮮薊帕里尼的咖啡廳，但一想到這是朋友視之為家的地方，喝著冷咖啡，卻也不禁溫暖起來。

Kaffeemitte

📞 0177 6432415

🌐 http://kaffeemitte.de/

🏠 Weinmeisterstr. 9a, 10178 Berlin

🚇 U8 Weinmeisterstraße

b-flat

柏林爵士樂迷的音樂響宴

　　柏林有兩家最受爵士樂迷歡迎的 Jazz Club，剛好各據守在東西兩邊。西邊的 A-Trane 有超過二十年的歷史，東邊的 b-flat 雖晚幾年開幕，但舞台後就是大片玻璃落地窗，與行人零距離。這隨適寫意風格，正符合 live music 貼近觀眾的精神。

　　b-flat 老闆是柏林著名的音樂人及演員，每晚都有不同的表演節目，到訪之前，可先上官網查詢節目單。如果來玩的朋友沒有特別一定要聽的樂團，建議可以挑 Jam Sessions（臨時組合即興合奏時間）入場，幾名樂手在沒有預先排練的情況下，和某個固定的和聲進行即興的演奏，在音樂的競爭中相互切磋又彼此融合，很是精彩。

> **b-flat**
>
> 📞 030 2833123
>
> 🌐 http://b-flat-berlin.de/h/
>
> 🏠 Dircksenstr, 40 10178 Berlin
>
> 🚇 U8 Weinmeisterstraße

Apartment

地下室的時尚秘密基地

台灣來的專業造型師羅列了來柏林必逛的三家店問我怎麼去，這是其中一家。看了住址，不禁納悶，那裡不是只有一間租不出去的空店面嗎？

"A place you'll likely walk right past unless you already know it exists." 歐洲知名的城市旅遊網站是這樣介紹這間 Multi-label store 的。在一般店家恨不得用招牌阻擋所有行人視線的時候，Apartment 選擇藏身在地下室。老闆 Christof

Rücker 在 2003 年將店面遷移到米特區時，這裡仍是片時尚沙漠，他將地面的空間留白，只有在時裝周間，提供不同的新品牌作為 Showroom。

時至今日，許多當年的年輕品牌已經躍上國際，米特區也成長為時尚綠洲，Christof 仍堅持將店面留在地下，不與百花爭鳴，只有穿越過沙漠那個年代的人，才懂得它紮根在地底下的故事。

Apartment

http://www.apartmentberlin.de/

Memhardstrasse 8, 10178 Berlin

U8 Weinmeisterstraße / S-Bahn Alexanderplatz

Give Box

大城市小衣櫃

Give Box 其實和柏林幾家免費無人商店的概念差不多，人們進去商店裡，看到有需要的東西，可以直接拿走，再依據自己心中認為的物品價值，投錢進店裡的零錢箱（kasse box）內。Give Box 更引人入勝的地方在於，它加上了分享與交換的概念，以「以物易物」的形式，讓使用人可以隨意取走自己需要的東西，再把自己不再需要的物品分享給別人。這樣的方式既不造成資源的浪費，提高交換物的剩餘價值，更可以在一來一往中，增添交換禮物的趣味性。

「把自己不需要的東西，傳給下一個需要的人」，而且對象的選擇是隨機（就是命運）的，擴大無限的想像空間，而這樣的分享，既實際又浪漫，難怪自 2009 年前由第一個發想人 Andreas 和 Lena 在 Berlin Mitte 蓋了第一座 Give Box 以來，已經有十幾座木製小衣櫃，像電話亭般坐落在寧靜的巷子內及公園旁。漫遊柏林的旅人如果哪天在路上偶遇 Give Box，也不妨停下腳步踏入衣櫃看看，說不定也能找到那「啊！我剛好需要這個」的驚喜禮物喔！

Give Box

🏠 Steinstraße 37, 10119 Berlin Mitte

🚇 街車 M 1Weinmeisterstraße / 地鐵 U8 Weinmeisterstraße

013

Haus Schwarzenberg

塗滿一道巷子

看了部關於北非獨立戰爭的電影，突然發現，柏林街邊巷尾隨處可見的塗鴉藝術，就像影片裡的游擊戰隊，會在最不起眼的角落出現，然後再用最反叛的姿態衝撞你的思想和視覺。

但是，Haus Schwarzenberg 裡的塗鴉卻總是大咧咧的以坦率的方式登上牆壁這座舞台。1995 年一個名為 the Dead Chicken 的藝術團體進駐這條巷子，在房地產公司的支持下，他們不受限制的放肆創作，把塗鴉藝術從牆角堆疊至天際線，從地下推上主流。

除了塗鴉外，柏林的次文化精華也被濃縮進這條巷子：邪典風格的機械裝置藝術、惡趣味酒吧、布魯克林式的街拍樓梯。刻畫納粹迫害猶太人歷史的安妮日記女主角 Anne Frank 的小博物館也在這裏，藏身於有著如此巨大包容力的巷子，安妮或許也得到了另一種自由。

Haus Schwarzenberg

http://haus-schwarzenberg.org/

Rosenthaler Straße 39, 10178 Berlin-Mitte

U8 Weinmeisterstraße / S-bahn Hackescher Markt

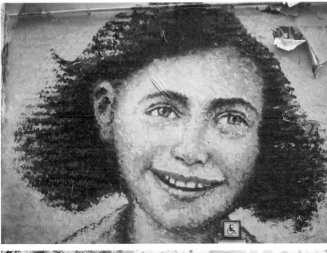

014

Hackescher Höfe

哈克雪院子

有人説滿是觀光客的哈克雪院子已經不值得一逛，我倒不這麼覺得。因為越嘈雜的地方越適合一人行走。

在這裡，你能夠用雙眼凝視它在猶太與納粹間產權流轉中的時代意義，也能用耳朵聆聽周遭的旅人們如何讚嘆瓷磚花彩外牆的美麗。一個人在別有洞天的院子中尋找精緻小店；一個人在裡頭的獨立劇院挑部電影。或是從側邊走出去，到挨著院子的蘇菲街（Sophienstraße）尋找德國各式傳統手工藝店家，無論身旁多麼熙來攘往，只要帶著閒靜的心情和好奇的目光，其實哪裡都值得遊賞玩味。

註：院子裡有家獨立電影院，通常播放影展及原音電影（德國院線片會配德語發音）。

Hackescher Höfe

🔗 http://www.hackesche-hoefe.com/

🏠 Rosenthaler Straße 40/41, 10178 Berlin

🚇 U8 Weinmeisterstraße / S-bahn Hackescher Markt

015

Barcomi

舞伶的典雅早餐店

Cynthia Barcomi 過去是一名舞者，一九八○年代從遙遠的紐約漂洋過海到柏林發展，立志成為像碧娜・鮑許（Pina Bausch）那樣具有劃時代意義的傳奇舞蹈家。不料，在一次表演中，Cynthia 的腳受到了不可逆的嚴重傷害，從此無法在聚光燈下自由的舞動身體。

傷後的 Cynthia 萎靡在家，唯一能讓她稍稍打起精神來的是烤蛋糕，這也是她自三歲半在幼稚園學會做巧克力餅乾以來，每個星期都會做的事。

多年後問起來，沒有人聽說過紐約少女的柏林追夢故事，但喜愛甜點的歐洲人家裡，都會有一本 Cynthia 寫的烘培書，封面上的她捧著自己做的蛋糕，笑得比任何一種糖霜還甜。

登不上舞台的 Cynthia，卻深入了許多人的廚房，為了舞蹈事業遷徙的流浪中，她不知不覺吸收了歐美兩地的烘培養分，喜歡西式輕食與蛋糕的朋友，可以到 Barcomi's Deli 品嚐 Cynthia 的創意美食。

每次帶朋友來這裡，我總是不厭其煩的說訴說那個「廢棄夢想」的烘培師故事，有的人認為她應該繼續從事舞蹈相關工作；也有人深深為她感到惋惜。不過，她所做的原味 New York Cheese cake，倒是沒有令任何朋友失望過。

註：想吃德式扎實口感的朋友，胡蘿蔔蛋糕 Carrot cake 也很推薦喔！

Barcomi's Deli

030 28598363

www.barcomis.de

Sophienstr. 21, 10178 Berlin

S Hackescher Markt /
S Oranienburger Strasse /
U Weinmeisterstrasse

016

Zeit für Brot

麵包狂與手工肉桂卷

　我有個朋友是麵包狂，她總是很早起，我想是因為麵包店總是很早開的關係；麵包狂會在冰箱裡養好幾個月的酵母，因為她要自己做好吃的麵包；麵包狂會搭十個小時的巴士從海德堡到柏林，為的是買一塊從 Zeit für Brot 出爐的麵包。

　「Zeit für Brot 麵包時光烘培坊」內有自己的廚房，透過玻璃窗可以看見師傅製作麵包的過程。縱使我是嗜吃白米的飯桶，也受不住麥子香散漫在空氣裡的誘惑，只要經過 Zeit für Brot 門口，便會順手挑一個招牌肉桂卷（Zimtschnecken）回家，白巧克力、櫻桃杏仁、蘋果肉桂、楓糖核桃⋯⋯買了不同的味道回家，才發現白巧克力最對味。也許有人會好奇，達人麵包狂最推薦的滋味是哪一種呢？罌粟籽（Mohn）是她的最愛，而她從來只買過這種口味。

Zeit für Brot

030 28046780

http://www.zeitfuerbrot.com/

Alte Schönhauser Straße 4,
10119 Berlin

U2 Rosa-Luxemburg-Platz

017

Lebensmittel in Mitte

✕

沒有豬腳的德國家庭廚房

　　德國人一直對豬腳兩個字前面被冠上德國百思不得其解。蹄膀好吃，卻很少被端上一般德國家庭的餐桌，無論烤豬腳（Schweinshaxe）還是水煮豬腳（Eisbein），德國人一輩子吃的分量大概就像台灣人吃佛跳牆一樣多，因此在有賣豬腳的餐廳裡，通常你只會看到兩種客人：外國觀光客和德國爺爺奶奶觀光客。

　　走進 Lebensmittel in Mitte（食物在米特），成串的香腸、Cheese 和麵包在門口歡迎客人，這是典型德式廚房的格局。在德式廚房裡吃

得到營養但是小朋友都會挑掉的迷你捲心菜 Rosenkohl、像日式豬排被卡車碾過的德式炸肉排 Schnitzel，還有如同頭皮屑掉在炒蛋上的家常甜點皇帝煎餅 Kaiserschmarrn，它們都有著和我的形容字句完全不相符的美好滋味，至於為什麼要把 Lebensmittel in Mitte 寫得如此令人倒胃口？你知道，真正的好東西是拿來私藏的，如果描述得太可口，下次去餐廳的時候可能就搶不到位子了。

Lebensmittel in Mitte

📞 30 27596130

🏠 Rochstr. 2, 10178 Berlin

🚇 U8 Weinmeisterstraße

🕐 Mo-Sat 1200-2300

Mamecha

✕

日式榻榻米咖啡

MAMECHA 是間綠茶屋，二十多平方米的店內放了五六席榻榻米，濕答答的午後，許多柏林人會和三五好友坐在榻榻米上閒聊喝茶，或是，獨自一人享受用傳統飯盒裝著的日本便當。除了宇治金時、芝麻 cheese cake、抹茶冰淇淋、草莓大福等各種日式甜點，MECHA 傍晚六點以前還會供應便當及定食，每週更換不同菜單。

Green Tea Café Mamecha

📞 030 28884264

◎ mamecha.com

🏠 Mulackstr.33, 10119 Berlin

🚈 U8 Weinmeisterstraße

🕐 Mo-Sat 1200- 900

Chapter 3

Prenzlauerberg

普林茲勞爾山區

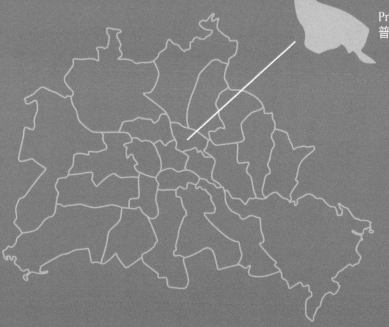

Prenzlauerberg
普林茲勞爾山區

私房義大利小餐館

Donath

　　在柏林，我最喜歡的義式小酒館是 Donath。作為黑板的牆面，每日被寫上當日菜單，在台灣吃慣了花俏又重口味的義大利麵，到歐洲反而喜歡「麵條＋番茄」或是「麵條＋大蒜及橄欖油」這樣單純的組合。偶爾奢侈一回，我會點有海鮮的義大利麵，海水的鹹，配上羅勒的香，媲美九層塔炒蛤蜊，是一輩子也吃不膩的味道。這裡的甜點也很不錯，到法國遊玩時餐餐都點烤布蕾，回柏林一陣遍尋不著後，才終於在平價的 Donath 品嚐到如發源地法國才有的精緻口感布蕾，喜歡甜食的朋友千萬不要錯過。

Donath

 030 4480129

 Schwedter Straße 13,
10119 Berlin

 U2 Senefelderplatz

 Mon-Sun 1200-0000

Redwood

一期一會紅木頭調酒吧

Redwood（紅木頭）在一條安靜的街道上，沒有特殊裝潢的空間裡橫擺了一張木製吧台，檯面上放著幾顆小盆栽。Bartender 調飲料的時候會摘幾片盆栽的葉子，有些直接丟進杯子裡，有些放進石頭做的缽中，被杵搗得老碎才會入杯。

在 Redwood 裡你可以穿得像剛倒完垃圾，也可以不懂任何關於調酒的知識。白紙黑字的酒單上沒有 Long Island（長島冰茶）或是 Three Wise Men（三位智者）這種任誰也看不出飲料內容的名字，只有簡單的分類出 Rum、Gin、Whiskey 等基底，喜歡喝酸的甜的苦的還是辣的告訴 Bartender，他們能依照客人的喜好加上自己的創意，調出專屬於你與調酒師還有那個時刻的滋味。

總覺得 Redwood 的調酒師此生此刻只為一人調酒，此時此地只與你共飲的態度，很符合日本茶道「一期一會」的精神，不知道他們有沒有聽說過這樣的用語？下次去喝一杯的時候問問看好了。

Redwood Bar Berlin

030 70248813

facebook redwoodbarberlin

Bergstraße 25, 10115 Berlin

U8 Rosenthaler Platz

Tue-Thu 1800-0100 Fri&Sat 1800-0200

Lunettes Selection
新的復古眼鏡店

　　柏林除了著名的眼鏡品牌店 MYKITA、ic! Berlin 外，喜愛復古眼鏡的朋友也能到大門街上的 Lunettes Selection 逛逛。

　　「喜愛舊物的人，通常不怎麼喜歡標準與規格化的產品。」眼鏡店 Lunettes Selection（半月精選）的老闆烏塔說。年輕時她總是找不到適合自己的眼鏡，去外地旅行的時候通常一抵達目的地便直奔有賣眼鏡的地方，這才慢慢發現雖然每個時代都有自己獨特的流行風格。六〇年代以前製造的眼鏡少有重複，而現在的眼鏡工業為了量產與降低成本，往往使得成品大同小異，人們更難找到獨一無二適合自己的眼鏡。

　　讓客人找到適合自己的眼鏡，正是烏塔開店之初的理想。她搜集上個世紀五〇與六〇年代的復古款式，仍維持過去眼鏡製造傳統的經典

品牌如 Oliver Goldsmith，也是她網羅的目標。此外，烏塔也自己設計眼鏡，並委託義大利傳統眼鏡師傅製作，希望借此支持眼鏡手工工藝的保存與傳承。

　　Lunettes Selection 每一副眼鏡都單獨放在一格一格的古董抽屜裡，每格抽屜說的都是有年代的故事。

Lunettes Selection

📞 030 20215216

🌐 lunettes-selection.de

🏠 Torstraße 172, 10115 Berlin

🚇 U8 Rosenthaler Platz

🕐 Mon-Fri 1200-2000 Sat 1200-1800

Spätkauf Choriner Straße
柏林的柑仔店

終於在十多年後，我在柏林再度遇見了柑仔店，它不在任何一個文創園區內，不在車水馬龍的大街上，而是在 Choriner Straße 附近居民回家時都會路過的一道有階梯的窄門裡。雜貨店麻雀雖小，五臟俱全，連尿布跟衛生棉也零售，可以一次只買一片。櫃檯除了有玻璃罐裝的軟糖餅乾，也提供熱咖啡跟 homemade 鹹派，客人結完帳後可以小歇一會，坐在店裡喝點飲料再離開。

Spätkauf Choriner Straße

📞 0163 2637619

🌐 sorjenpause.de

🏠 Choriner Straße 12, 10119 Berlin

🚇 U8 Rosenthaler Platz

🕐 Mon-Sun 0900-0000

跳蚤市場生活圈
Mauerpark Kiez

任誰也無法想像，現在的圍牆公園 Mauerpark，曾經是兩德邊界的死亡地帶。

因歷史而蕭瑟的土地，靠著販賣過去而繁盛起來。每個星期天，圍牆公園的跳蚤市場聚集了整個城市的人潮，人們在舊貨箱裡翻閱別人生活的痕跡，從東德復古傢俱中培養新品味。

圍牆公園跳蚤市場現為柏林最大的假日市集，週末的人山人海帶動了附近商圈及房地產市場的發展，老柏林們感嘆跳蚤市場及其周圍越來越商業化的同時，卻無法捨棄在這裡撿拾舊物的美好時光，雖然能夠在跳蚤市場悠哉閒逛的日子不再，但變化也不是一件壞事，至少那些新開的早午餐店裡的食物都很好吃，咖啡也很香。

022

Bearpit Karaoke
柏林人的露天卡拉 OK

2009 年開始，來自愛爾蘭的 Joe，每個星期天騎著改裝的音箱腳踏車，到圍牆公園的廣場空地上放音樂，他從來不自己唱，而是擔任主持人的工作，邀請所有想一展歌喉的朋友們高歌一曲。

曾經有女孩在露天卡拉 OK 上挽回分手的男友；也聽過來自美國東岸的 Rapper 嗨翻全場，而最傳奇的莫過於男版蘇珊大嬸德特勒夫（Detlef）的故事。

不修邊幅的德特勒夫未婚，與外婆和媽媽共同生活了一輩子，九〇年代，她們相繼過世，德特勒夫以為從此寂寞一生，卻意外地在 Bearpit Karaoke 迎來曾未想過的美麗光景。初次登台，他塞了寫著歌名 "Mein Weg"（My way）的小紙條給 Joe，一個提著陳年布袋、斑白鬍鬚參差不齊的爬滿整張臉的老頭，怯生生拿起麥克風，開口演唱這首三大男高音曾經典演繹的歌曲，竟毫不遜色，唱至激昂處觀眾一片鴉雀無聲，屏住呼吸直到最後一顆音符消逝，如雷掌聲爆出，德特勒夫從此在柏林成了一號人物。

樸素的德特勒夫終究只懂得當一個喜愛唱歌的平凡人，每個天氣好的星期日下午，他仍會出現在圍牆公園，和想上台高歌一曲的觀眾一同排隊，塞歌名小紙條給 Joe，不過和第一次登台稍稍不同的是，我們看到他換了件乾淨的外套，鬍子也修得整齊了。

Bearpit Karaoke

⊚ bearpitkaraoke.com

⌂ Mauerpark Berlin，東邊階梯舞台

🚇 U8 Bernauer Straße/ U2 Eberswalder Straße

🕐 天氣好的星期天下午

023

第三波咖啡在柏林

Bonanza

對於咖啡影響人們生產及消費習慣的變革力量，有人稱之為咖啡浪潮。

第三波咖啡是全球化浪潮中帶來的深度品味。咖啡專家韓懷宗在《精品咖啡學》中提到，Third wave coffee 會以「更明確的產區、莊園、緯度、海拔、處理法、微型氣候和品種，來論述不同的地域之味。」重視地域之味，標明每一顆咖啡豆的身份背景，並拋棄糖、奶泡等華麗的裝飾口味，在每一口品嚐間，重現原始風味，讓豆子自己説自己的故事。將農夫、烘培師、咖啡師、消費者，透過一杯咖啡連結在一起，提高生產過程的價值，就是第三波咖啡的核心理念。

Café CK/ Chapter One/ No Fire, No Glory/Father Carpenter 及位於圍牆公園旁的 Bonanza Coffee 都是柏林最受歡迎的第三波咖啡店，它們認為喝咖啡如品酒一般，嚐的是一種品味，也一種美感享受，由味覺延伸至視覺，咖啡店使用的桌椅、裝潢，都各自有其獨特的設計風格及美學堅持。

2014 年 Bonanza Coffee 被專家評論為死前一定要去的二十五間咖啡之一，內行人能向店家指定咖啡的沖煮方式；不特別講究的顧客，也可以請咖啡師推薦他們拿手的手沖咖啡，然後靜待一杯回甘的滋味。

Bonanza Coffee Roasters

📞 01715630795

🌐 bonanzacoffee.de

🏠 Oderberger Straße 35, 10435 Berlin

🚆 U2 Eberswalder Straße

🕐 Mon-Fri 0830-1800 Sat&Sun 1000-1800

FATHER CARPENTER
Coffee Brewers

024

Kastanienallee

柏林 86 公社：嬉皮的家

　　沿著 Kastanienallee（栗子大街）上走，很難不發現一棟外牆寫著「殺死資本主義」（KAPITALISMUS TÖTEN）的公寓，張狂的鐵製標語跟斑駁脫落的壁磚，在眼前形成強烈對比，但走進院子裡，卻能看見滿天愛的彩虹旗。

　　這裡是柏林著名的 86 公社，過去曾被無政府主義者跟無家可歸的同性戀者佔領的空屋。幾年前「乾杯！柏林大街」的作者簡銘甫曾入內拜訪公社裡的住戶。當年轟轟烈烈入住，白日放歌夜晚縱酒的嬉皮世代，早已向青春歲月道別，轉身擁抱踏實安穩的人生。公社的居民下班後，在共用的大廚房內一起做飯煮菜，交換日常瑣事心得，年輕時的叛逆，已經是前輩子的記憶，彷彿只有外牆上的標語能夠證明，他們曾漂浪在那個最反動的時代。

　　公社像是一面歷史的鏡子，投射出栗子大街的模樣，今日的大街選擇與世界接軌，嬉皮與龐克脫下一身反骨，少了刺青沒了塗鴉關了不要錢商店，取之而代之的是黎巴嫩餐廳、潮流漢堡店、日式串燒店，還有一間國際語言學校。不知道在滿是外國學生的課堂上，有沒有人向老師問起關於這條街的故事？

Kastanienallee

Kastanienallee 10435, Berlin

U2 Eberswalder Straße

Café Anna Blume
以詩為名的咖啡館

早午餐 Café Anna Blume 以詩為名，這首《致花安娜》（An Anna Blume）是藝術家 Kurt Schwitters 1919 年所寫下的情詩，它啟發了無數二十世紀的新詩及歌詞創作者，也浪漫起戰爭的苦悶年代。

Kollwitzplatz 街上有許多咖啡館，也因公園邊的幽靜，吸引三三兩兩沉溺於閒散午後的人們。一到週末，咖啡館們搖身一變，成了早午茶餐廳，有的提供 Buffet，9.9 歐吃到飽；有的咖啡館像 Anna Blume 供應輕食，層層疊疊的英式下午茶餐盤，讓再平凡無奇的歐式食材都能層次地精緻起來。外觀的美麗總是造就人們不明所以的愛戀，也難怪 Anna Blume 總是追求者眾，時常一位難求了。

Café Anna Blume

📞 030 44048641

🌐 cafe-anna-blume.de

🏠 Kollwitzstraße 83, 10435 Berlin

🚇 U2 Senefelderplatz

🕐 Mon-Sun 0800-0000

Oh Du, Geliebte meiner 27 Sinne, ich liebe Dir!
Du, Deiner, Dich Dir, ich Dir, Du mir, ---- wir?
Das gehört beiläufig nicht hierher!
—— Kurt Schwitters《An Anna Blume》

我是一個很愛丟東西的人，唯獨紙本類的舊物能在丟棄工程中幸免於難。說捨不得書嘛？倒也不是。有時候僅只是覺得那些閱讀過的文字的生命力太過強韌，好像結結實實的在生活裡紮了根，把書櫃變成他們自己的領地，拔也拔不開，抽也抽不走。

如果不能說服它們出走，那就邀請它們去旅行吧！Kollwitzplatz 的書之木（Bücherbaum）就是一個專屬於書旅行的出發地點。書之木位於 Prenzlauerberg 住宅區的街道上，附近居民將閱讀過的二手書籍放在樹木書櫃內，方便路過的朋友隨手取閱，也能將書帶到任何適宜閱讀的地方。

如果想追蹤自己的書到底流浪至何方，可以到全球 Bookcrossing 社團，申請專屬於一本讀物的 ID，將 ID 或夾或貼在書本內，將來無論它經過哪條道路，躺過誰的手掌，只要下個借閱的朋友上網登記，便能看見自己的書目前身在哪片風景，感受過誰的手掌溫度。

Bücherbaum
樹裡的圖書館

Bücherbaum

🌐 www.bookcrossing.de

🏠 Anna Blume 旁邊

Werkstatt der Süße
Bisous! 法式甜點店

要説德式與法式甜點的不同，其實可以歐洲庶民與貴族之間的差異來想像。德式甜點像中世紀布衣粗食的庶民，樸實醇厚，使用大量麵粉帶來飽足感，撫慰勞動者的辛勞；法式甜點則是瑪麗皇后的帽子，華麗繁複，追求極致的深層口感，滿足貴族的挑剔品味。

在法國甜點學校研習的朋友到 Werkstatt der Süße 甜品工廠，鑑定我最喜歡的柏林法式甜點。蛋糕一上桌，我的叉子與蛋糕彷如磁極兩端急著相碰，咻一下蛋糕就滑入了胃的黑洞；朋友不愧是甜點專家，先是拿起刀來，緩緩將那塊柔軟由中心切成兩半，仔細查看糖衣包裹著層層疊疊的內裡，到底是由幾種微塵組合成的宇宙。

朋友説在製造甜點的過程中，最精確且快速測量出溫度的方法是手感溫度，因此在成為獨當一面的師傅之前，要先學會怎麼耐燙。看著老闆兼總廚 Guido Fuhrmann 的照片，不知道為什麼我腦海中浮現了徒手炒栗子的畫面，不過他創作的蛋糕看來精雕細琢，吃來絲絲入扣，想必他有著的不是炒栗子的匹夫之勇，而是精準細緻的匠人功夫吧。

Werkstatt der Süße

📞 030 32590157

🌐 werkstatt-der-suesse.de

🏠 Husemannstraße 25, 10435 Berlin

🚇 U2 Eberswalderstraße

🕐 1000-1800，週一公休

Weinerei

自由付費的葡萄酒吧

Weinerei 是間葡萄酒吧，客人用 2 €向櫃檯租借空杯後，可以無限暢飲店內供應的葡萄酒，離開時，客人再依據個人認為在這段時間內享受到的價值，換算成酒錢，扔進門口的玻璃罐內。（至於為什麼用透明的玻璃罐子呢？或許不僅只有美觀的因素吧！）

十多年前，老闆 Jürgen Stumpf 只是一名從巴伐利亞北上柏林，販賣南德自釀葡萄酒的單純小夥子，他沒有反骨的血液，也從未受過共產主義的薰陶。開業時決定讓消費者定價，僅只是因為沒做過生意不懂得如何制定價格而已，卻誤打誤撞對了柏林人的味，營業至今已擁有多家分店。

我第一次去的時候付了十歐，如何計算出來的呢？倒了四次約酒杯三分之一滿的葡萄酒，柏林普通酒吧的紅酒一杯約莫 2.5 €到 4 €，我是窮學生不用打腫臉充胖子，那就以最便宜的酒價乘以喝的杯數吧！

我不懂經濟學及心理學，但是 Weinerei 葡萄酒吧及跳蚤市場的經驗，讓我認真思考「價值」這件事。也許「消費者定價」最棒的地方在於，在快速消費的時代裡，人們在價值轉換價格的當下，能夠仔細回溯所到之處、所用之物、所吃之味的質量與對自身的意義及影響，於是為了價值判斷，我們放大感官並伴隨著思考在消費的過程，不知不覺中，這些原本在日常生活中鮮於體會的感受及價格的辯證，都無形增加了消費行為的價值。

Weinerei（Forum）

☏ 030 4406983

◉ weinerei.com

⌂ Veteranenstr. 14, 10119 Berlin

🚇 U8 Rosenthaler Platz

🕐 Mon-Sun 1000-0000

Kulturbrauerei
文化釀酒廠

柏林有一座古老的釀酒廠，一八四〇年代創立以來，曾經是全球最大的淡啤酒製造所，幾經易主及戰時徵用，在 21 世紀產業重心移轉及都市計劃更新後，不合時宜的酒廠已成功轉作為有著電影院、劇院、藝文展演中心的多元空間。

Kulturbrauerei 文化釀酒廠是柏林舊空間再利用的典範，這棟呈現 19 世紀傳統工業建築樣式的場域，像是由紅色與黃色的樂高磚塊堆砌起來，自成一格的城堡，城牆裡散落各種生活及娛樂相關的店家，譬如玩音樂的室友時常拜訪的樂器行，以及自己常去的獨立影片電影院。

釀酒廠中心的兩座院子除了不定期的展演，每年例行的夏季露天音樂會、冬季浪漫的聖誕市集，都是來往這個城市的騷人墨客能附庸風雅的好地方。

最近文化釀酒廠中新開放了常設展 Alltag in der DDR（東德人的日常），有興趣的朋友可以免費參觀。

Kulturbrauerei

🌐 kulturbrauerei.de

🏠 Schönhauser Allee 36, 10435 Berlin

🚇 U2 Eberswalderstraße

The Barn (Roastery)

格調狂的滴漏咖啡

The Barn（Roastery）就像是個臭屁的格調狂，態度囂張，但你又不得不臣服於他獨樹一格的品味與難以挑剔的品質。

除了店門口明確標示著「嬰兒車與筆電禁止入內」外，老闆也在雜誌採訪中多次提及「那些喝咖啡喜歡加牛奶、糖或豆類製品的客人，The Barn（Roastery）恐怕要令你們失望了。」The Barn 高傲的姿態拉開了與一般消費者的距離，同時卻也受到不少咖啡愛好者追捧。

在 Schönhauser Allee 上的 Roastery 烘培店，寬敞舒適，大型的咖啡豆烘培機與吧台佔據了大部份的空間，點餐時候別莽撞的說我要一杯美式，櫃檯會告訴你沒有這種東西；等待一杯咖啡涓滴成杯的時間，對咖啡烘煮有興趣的朋友可以多向咖啡師聊聊相關知識，或是參加 2 個小時 80 歐的 Workshop 課程。

The Barn (Roastery)

barn.bigcartel.com

Schönhauser Allee 8, 10119 Berlin/ Auguststraße 58, 10119 Berlin

U8 Rosenthaler Platz

Mon-Fri 0830-1800 Sat&Sun 1000-1800

• The Barn（Roastery）的親切版本分店

不同於臭屁的格調狂，位於八月藝廊街的 The Barn Coffee 是一位親切友好的鄰居，雖然沒有專業的咖啡師駐店，但溫暖的服務態度令人流連忘返。店內同時販賣由格調狂烘培店製作的各式咖啡豆，家中沒有研磨機的朋友，購買時店員也會貼心的先將豆子磨成粉末。有一次我跟店員說要買包豆子送將回國的台灣朋友，他拿了包適合夏季的果味冷泡咖啡，同時細心地寫下適合的沖泡方式，從此才讓我放心地告訴所有拜訪柏林的旅人，The Barn 是家貨真價實的好咖啡店！

Piano Salon Christophori
倉庫鋼琴沙龍

　　克里斯多夫・史瑞伯（Christoph Schreiber）是個神經科學的醫生，離開診間及研究室後，他來到一間放著機具及拖車的紅磚工廠，拉開廠內一座倉庫的鐵門，熟練地拿了把工具牆上的螺絲起子，走向一落黑壓壓的大型廢棄物。原來堆置在角落的是三角鋼琴！

　　離開工作崗位的克里斯多夫，在念醫學院的的時候，買了架二手鋼琴給自己，想著讀書之餘能把小時學音樂的「琴感」找回來，不料，剛購入的鋼琴彷彿歷經了七八手的摧殘而破舊不堪，當時還是窮學生的他無力負擔一架新的鋼琴，也沒有多餘的錢請人重新整理，於是他卷起袖子開始試著修補他人生第一件自己買的玩具：裝上踏板、拉緊琴弦、墊高琴腳。事隔十多年後，他已經修過無數架損壞的鋼琴，成為了三角鋼琴的收藏及修繕專家。

　　動手旋轉一顆螺絲釘、觸摸木材的質地，比起白天的工作更能讓克里斯多夫獲得原始的滿足與快樂，那些原本被當成大型廢棄物的鋼琴，在他的巧手下獲得新的生命。珍視鋼琴的克里斯多夫接著邀請真正的鋼琴家來彈奏修理好的琴。從此之後，角落裡的鋼琴被賦予了靈魂，每到夜晚，從倉庫中傳出的旋律，吸引了無數熱愛音樂的柏林人們來到 Piano Salon Christophori。

　　Christophori 鋼琴沙龍每週舉辦不同的音樂會，有演奏的夜晚，克里斯多夫會將觀眾的椅子放在倉庫中央。第一排距離鋼琴近得約只有三支螺絲起子的距離，最後一排的背後是一張長長的木製工作台，桌上的紅酒、汽泡水隨觀眾飲用，在一間倉庫裡，一邊啜飲紅酒一邊聆聽現場演奏肖邦、布拉姆斯，是買票進柏林愛樂也體驗不到的感官經驗。

演奏結束後，如果不急著走，可以留下來和音樂家交流；如果趕著回家，門口放了玻璃瓶，觀眾可依據當晚「享受到的價值」自行訂價，爺爺奶奶們動輒塞 50 €的大鈔進玻璃瓶，窮學生僅有餘力負擔 10 €、15 €也無所謂，這間倉庫是美好柏林的縮影，無論這個世界再怎麼被切割成貧富兩端，總有一塊小小的地方，有公平、有熱情，還有從不為了誰而起奏的音樂悠揚著。

註：此店在 Wedding 區，不在 Prenzlauerberg 普林茲勞爾山區，但兩地相差不遠，非常值得探訪喔！

Piano Salon Christophori

📱 0176 39007753

🌐 konzertfluegel.com

🏠 Uferstr. 8, 13357 Berlin

🚇 U8 Pankstraße

Chapter 4

Friedrichshain

腓特烈斯海因區

Friedrichshain
腓特烈斯海因區

032

Boxhagener Platz
最後的左派樂園

　　德國電影《替天行盜》（Die fettes Jahr ist
vorbei）裡有句經典對白：「三十歲以前不是左
派的人沒有靈魂，三十歲以後還是左派的人沒
有大腦。」腓特烈斯海因區（Friedrichshain），
過去曾是無政府主義者、龐克及左派的大本營，
隨著鐵幕升起圍牆倒塌，社會主義政權瓦解，
無產階級統治的標語失去正當性，不再以階級
鬥爭作為基礎的社會，屬於左派的生活方式與
靈魂追尋的方向也隨之失落了。

　　腓特烈斯海因區的 Boxhagener Platz（哈根盒
子廣場）周圍，有小本經營的鄰居電影院、還
有長期義賣飾品幫助孤兒的咖啡廳，抗拒全球
化的他們死守著柏林最後的左派樂園，我們其
實都知道，那些違反人性的理想注定會被時代
淘汰，卻不會被遺忘。當大腦成為人生的主宰，
也許我們還能到哈根盒子廣場走一遭，與年輕
時的熱血與尚未世故的理想來一場流浪。

033

Kiez Kino

最適合擁抱的鄰居電影院

Kino Intimes

030 29664633

kino-intimes.de

Boxhagener Straße 107, 10245 Berlin

U5 Frankfurter Tor

Mon-Fri 1330-0230 Sat&Sun 1130-0230

喜愛閱讀的人住在書店旁邊，享受生活的人希望我家樓下就是咖啡館，而對喜歡電影的人來說，隔壁巷子的電影院一定會是最受歡迎的鄰居。

「Kiez」這個單字，近年來時常被柏林人掛在嘴邊，有人說它是中世紀漁夫住的地方，有人說他是德意志民族東向移民運動時被殖民的斯拉夫人社區，而現今的柏林人雖然大都不知道這個流行字的典故，但卻時常把在自己常去的書店、喜愛的小酒吧前冠上 Kiez 當做形容詞，有著鄰居的意思，像是 Kiez-Café（鄰居咖啡）、Kiez-Kino（鄰居電影院）等，除了表示位置外，被冠上 Kiez 的地方還多了一份居民視其為日常生活緊密且不可或缺的認同感。

在超過 150 幾座的柏林電影院之中，多數是 Kiez-Kino 鄰居電影院，這些電影院都很迷你，通常一廳只有 30 ～ 40 個座位或者更少，柏林人戲稱這是最適合擁抱的地方。

鄰居電影院各有特色，當地人選出的 10 大鄰居電影院中，第 1 名的人造衛星（Kino Sputnik）標榜可以抽煙；第 2 名的歐登（Odeon）除了堅持只放原音電影外，也堅持在賣爆米花的同時擺賣手工布朗尼蛋糕，而第 3 名的迷醉電影宮（Filmrauschpalast）位於一座有著展演空間、Party 場地及劇院的文化工廠內，另外在哈根盒子廣場旁，散發 70 年代復古氛圍的 Kino Intimes，在放映廳的每個座位前都配置小桌子，讓觀眾終於不必抱著爆米花看電影；廳內的舊式百年壁爐也是一大特色，天冷的時候，圍著茲茲作響的壁爐烤火配電影別有一番溫馨風味；Light House Cinema 則是一家像美術館的電影院，由 DTA Architects 翻新設計的空間中，傳統戲院所使用的紅色絨布椅被淘汰，取而代之的是五彩繽紛的飽和色座位；而依娃電影院（Eva Lichtspiele）則是標榜不播放任何商業廣告，但是歡迎任何有心人來求婚及舉辦婚禮的電影院。

鄰居電影院就像每個區域的柏林人，有著不同的個性，有的叛逆、有的溫暖，有的懷舊、有的現代，它們每天說著不同的故事，也在每戶人家，每個轉彎中以自己的姿態寫著柏林的故事。

034

Café-Crêperie MELT
法式家庭可麗餅

Café-Crêperie MELT

030 60932919

FB Café-Crêperie MELT

Grünbergerstr. 40, 10245 Berlin

U5 Frankfurter Tor

Sun-Thu 1000-2200 Fri&Sat 0900-2300

朋友説要帶我去一家法國人開的咖啡廳，
説那裡焦糖口味的甜點好吃的不得了。

那家法國人開的咖啡廳，原來就是我迷路時經過數次的可麗餅咖啡，朋友說她在與碩士論文拼搏的那幾個月，每天都到可麗餅咖啡買一塊焦糖蘋果蛋糕，她誇張地說，只要一口，真的只要吃那麼一口，就能撫慰她因論文而煩躁的情緒。橘紅色頭髮的奶奶是可麗餅咖啡的老闆，除了現做可麗餅有時會交給員工負責，冷藏櫃內擺滿的法式鹹派、蛋糕、馬卡龍都是她親自烘培的家鄉味點心。

奶奶與朋友熱烈的交談著，藏不住的關愛像是任何一個溫馨家庭都少不了的長輩，後來，朋友說可麗餅咖啡內的許多常客也像我們一樣，是來柏林工作求學的外地人，奶奶也是。也許異鄉人才吃得出異鄉人包藏在食物裡的箇中滋味吧？

吃著剛起爐還冒煙的可麗餅，淋上奶奶特製的焦糖醬，才知道原來伴隨著焦香的糖才是最甜的甜、好吃到令人想掉眼淚的滋味。

RAW Gelände

廢棄鐵道工廠的創意市集

NeueHeimat

---

neueheimat.com

Revaler Str. 99, 10245 Berlin

S Warschauerstraße

全天開放，小吃活動時間詳見官網

> 東柏林有許多廢棄工業區及工廠，它們的命運很另類，沒被政府重整為高科技園區，
> 也沒有被地產商夷平準備蓋高樓，它們原來的樣貌被保留下來，破舊就讓它破舊。

從工業轉型為高科技或零污染產業，一直是當代許多大城市的目標。因此，廢棄工業區如何再利用，便成為都市現代化過程中的重要課題。進駐廢棄之地的團體，利用原有的金屬工業風格，將廢墟改建成 Club 或劇場，柏林的幾家 Club 像是 Berghain、Arena、Tresor 也都是由廢棄工廠改建而成的。

鐵道工廠的過去與現在

RAW Gelände 過去是鐵道工廠，廠址搬遷後，藝術家團體自發管理 7 公頃大的閒置空間，「給人們機會做些文化的事」是他們一直以來秉持的信念。除了展覽、劇場表演等藝術相關活動，社會工作者使用大面積的廠房，帶領失學的孩童及青少年在此從事室內運動，他們說在城市裡要找到像這樣免費又寬廣的空間不容易。可惜的是，RAW Gelände 的土地歸屬問題懸而未決，隨時都有被回收的可能，目前能做的只有努力推動居民聯署請願，保留這塊獨一無二的文化空間。

除了聯署，廢工業區內酒吧的老闆 Sebastian Baier 與藝術家團體合作，希望透過藝術、音樂、街頭文化的魅力，推動工業區繼續保留現狀，為此舉辦的 NeueHeimat（新故鄉）小吃活動，已經成功擄獲大眾的目光。每個週末假日，人們白天除了可以在廢棄工業區逛逛跳蚤市場，還能在兩座廠房內品嚐到異國小吃；夜晚聽 DJ 播放音樂喝點小酒。這裡已經成為喜歡 Schäbig-Schick（破舊別緻風格）的柏林人心中 Top 1 的新據點。

Karuna Café Pavillon
卡魯納涼亭咖啡館

KarunaCafé

030 21239710

BoxhagenerPlatz, 10245 Berlin

U5 Samariterstraße

Mon-Fri 1200-1800 Sat&Sun 1000-1600

哈根盒子廣場（BoxhagenerPlatz）上有間特別的咖啡館，卡魯納涼亭咖啡（Karuna Café Pavillon）。Pavillon 在德語中是涼亭的意思，這座由紅磚和落地玻璃窗砌成的小咖啡館，對許多人來說，就像是電視劇中的命運休息站，只要踏上這裡，他們便能走上不一樣的人生道路。

卡魯納（Karuna）是專門輔導青少年與兒童發展的非營利組織，他們成立不同的工作室及咖啡館，希望幫助孤兒、失學的孩子、來自酗酒家庭或是有犯罪記錄的青少年，透過社區服務及工作中的自我實踐，重新找回個人在社會中的價值。孩子們在卡魯納涼亭咖啡工作，學習擁抱人群、解決問題，而涼亭中同時販賣的 Sophisticated People 品牌服飾，也是卡魯納創設的時尚工作室，讓沒有一技之長的失學青年，在工作室裡發揮創意，完成自己的作品，再拿到咖啡店裡銷售。

有機會來到哈根盒子廣場的朋友們，路過卡魯納咖啡，不妨給正像嬰兒學步般重新認識這個世界的員工們一個微笑，幫助他們搜集生活中的美好，也為自己在柏林留下最動人的印記。

位於東柏林的奧伯鮑姆橋（Oberbaumbrücke）橫跨施普雷河（Spree），為十字山區與腓特烈斯海因區的分水嶺，也是城市的重要地標，雙層的紅色塔橋，承載著行駛中的街車與流動的行人，無論是鏡頭的一隅還是身在橋上向外眺望，都成為浪漫電影中不可或缺美景。

白天搭船的旅人，可以選擇途經奧伯鮑姆橋的航段，看遠方的電視塔夾在紅橋的中世紀雙塔之間。像是一顆鏡球卡在灰色大煙囪的電視塔，是當時蘇聯管轄的東德政府，欲向全世界展現國力與科技實力的現代產物，它不偏不倚的佇立在懷舊時代的建築樣式中，別有一番大江東去浪濤盡，千古歷史更迭，只剩一片遺跡的感慨。不過換個角度想，雖人事已非，幸好景色依舊在，那些難解的歷史讓懂得的人自己去唏噓，我們把握時光，好好享受眼前的無限風光吧！

Oberbaumbrucke

老橋上看夕陽

Oberbaumbrücke

Warschauer Straße 51,10243 Berlin

S+U Warschauer Straße

#038

Hops & Barley Hausbrauerei

柏林自釀啤酒屋

Hops & Barley	Getränkefeinkost Berlin
030 29367534	030 2593 3800
hopsandbarley-berlin.de	getraenkefeinkost.de
Wühlischstraße 22-23, 10245 Berlin	Boxhagener Str. 24, 10245 Berlin
M13 Wühlischstraße	Bus 21 Niederbarnimstraße
Mon-Fri & Sun 1700-0200 Sat 1500-0400	Mon-Fri 1300-2000 Sat 1100-2000

柏林有兩家自釀啤酒令人印象深刻，一家是在十字山區九號市場販賣的自釀啤酒品牌 Heidenpeters，另一家則是在哈根盒子區的小酒館 Hops & Barley。

除了常見的皮爾森啤酒（Pilsener）、小麥（Weizen）及黑麥（Dunkel）啤酒，Hops & Barley 每週供應不同調味及使用各種啤酒花製造的自釀酒，2008 年開業以來，他們已經研發超過百種口味。

喜歡喝甜酒的女生可以試試蘋果酒（Cider）混啤酒的組合 Schlangerbiss（蛇咬一口），當下層的蘋果酒流經上層的皮爾森啤酒泡沫時，甜膩經過一層苦味的洗禮進而昇華為一種甘甜，像一對老戀人，百喝不倦。

另外 Hops & Barley 附近也有家啤酒雜貨店 Getränkefeinkost，裡頭販賣世界各國的瓶裝及罐裝啤酒，其中也包括產地直銷的柏林小農啤酒。老闆説柏林的酒偏酸，許多人喝不習慣，想嚐鮮的朋友可以多買幾種試試看。

039

Michelberger Hotel

設計人的文藝旅店

Michelberger Hotel

030 29778590

michelbergerhotel.com

Warschauer Straße 39/40, 10243 Berlin

S+U Warschauer Straße

Michelberger Hotel 是目前柏林最受年輕背包客歡迎的設計旅店之一。

　　朋友帶讀室內設計的妹妹來柏林玩，妹妹出國療情傷，所以事前什麼旅遊功課都沒做，唯獨指定要去 Michelberger Hotel 住一晚。Michelberger Hotel 結合了藝文生活的所有元素：音樂、設計、書、咖啡、美食，還有可以沐浴在夏日午後陽光的舒適中庭。

　　Michelberger Hotel 是目前柏林最受年輕背包客歡迎的設計旅店之一。設計旅館在滿街都是藝術家的城市不稀奇，舊工廠轉做其他商業用途也不是什麼新鮮事兒，難得的是，這是間年輕人與背包客住得起的「Design Hotel/ Hostel」。它打破了設計與風格意味著高價，花 60 歐住一晚，早晨便能在一樓結合圖書館的咖啡廳，看書喝咖啡；下午後院的乒乓球桌和木造小涼亭是結交世界旅人朋友的好場所，夜晚咖啡廳搖身一變成了酒吧，不知名的樂團哼唱永不過時的旋律，越夜越熱鬧。

040

Warschauer Brücke

華沙大橋

Warschauer Brücke

Warschauer Straße

S+U Bahnhof Warschauer Straße

　　柏林有超過一千座橋散落在河道與軌道上，其中視野最好的，是華沙大橋 Warschauer Brücke。站在大橋上往西北方向，可以看到柏林電視塔從低矮的樓房中高高拔起；往東北走是腓特烈斯海因區的熱鬧街區，往南則是世界旅人來柏林必會走訪的柏林圍牆東區藝廊（East Side Gallery）。這座橋是城市的銀河，柏林的 Party Animal 走過日升月落，在電子樂迷醉的節奏聲中，踏上回家的歸途。

Café Tasso

書咖啡

Cafe Tasso

030 48624708

cafe-tasso.de

Frankfurter Allee 11, 10247 Berlin

U5 U Frankfurter Tor

Mon-Sun 0930-2000

柏林的 Café Tasso 以書本結合咖啡廳的形式，提供讀者能夠放鬆閱讀及選書的環境，不同的是，Tasso 裡販賣的是二手書籍；一本書 1 歐到 5 歐元不等，餐點則較為多樣化，主打有機食材；完全符合柏林文藝青年的喜好。

Veganz
素食超市與餐廳

Veganz

030 29009435

veganz.de

Warschauer Str. 33, 10243 Berlin

S+U Warschauer Straße

Mon-Sat 0900-2200

柏林是對素食者非常友善的城市,隨處可見素食餐廳、咖啡廳、素食漢堡店甚至是冰淇淋店;因為健康及保護動物而吃素蔚為風尚,在柏林是種主流的 lifestyle。這麼說來與生活最為息息相關的超市,也有「素」的:Veganz 素食超市位於華沙大橋旁,販賣生產過程不殺生不虐待動物的商品,例如非動物實驗化妝品、素食狗糧。

店門口前有座小型烘培屋,裡頭有朋友推薦的各種不含牛奶與蛋的甜點。在國外生活想念豆漿豆奶的朋友,或是想帶點歐洲特產送給茹素親友的旅人,逛逛 Veganz 超市絕不會令你失望。

YAAM Beach

Open Air 沙灘酒吧

Yaam	Rampe Club
030 6151354	rampe.club
yaam.de	Michaelkirchstraße 22, 10179 Berlin
Stralauer Platz 35, 10243 Berlin	S+U Jannowitzbrücke/ U8 Heinrich-Heine-Straße
S Ostbahnhof	全天候開放
不定期開放，詳見官網	

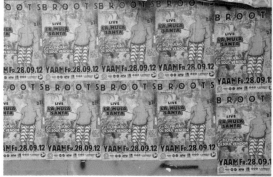

暑假來旅遊的朋友，一定可以發現柏林咖啡廳室外高朋滿座，室內空無一人的怪象；散落城市大大小小的公園內，人們除了烤肉還曬肉，一絲不掛趴躺在草皮上享受日光浴；沿施普雷河（Spree）兩岸，更有許多人在人造沙灘上集體曬太陽。

關於享樂之事，腦筋總是動得很快的柏林人們，對待「假海邊」可是一點也不馬虎，天氣一變暖，沙灘酒吧接續掛上營業吊牌，音樂啤酒不斷，活動一場接著一場，從白天到黑夜都在離水最近的地方狂歡，似乎要在短得稍縱即逝的夏日時光結束前，用力燃燒完一整年的活力。

YAAM 是帶有加勒比海風情的非洲酒吧，最受當地人年輕人歡迎；博物館島上的 Strandbar Mitte 則是在美麗的古蹟旁，在夕陽的餘暉中，能看見許多優雅的夫妻伴著爵士樂聲翩翩起舞，而喜歡電子樂的朋友可以去 Rampe Club，想待多久，就待多久，因為它全天候開放。沙灘上各種工業聲音組合，襯著大自然的夏夜晚風，不用開喝，光想就醉人了。

Chapter 5

Kreuzberg

十字山區

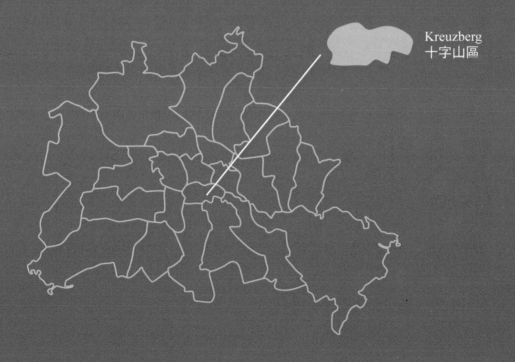

Kreuzberg
十字山區

043

Burgermeister

傳說中最好吃的漢堡

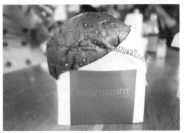

　　傳說中最好吃的漢堡 Bugermeister 位於 U1 西里西亞門站下方，平日的午餐時間及週末總是大排長龍，最受歡迎的是 Burgermeista（牛肉培根蘑菇堡）；我最喜歡的則是 Mango-Curry 炸豆腐素漢堡，特別推薦給吃漢堡就大喊我要大塊牛肉的朋友！漢堡大師做的炸豆腐，紮實嚼勁絕對不輸給任何動物的野性，保證讓肉食主義者吃過後，通體舒暢！

　　車站下有工業革命色彩的鐵綠色鋼材建築，配上典雅雕飾，讓人對它的歷史有許多浪漫的想像，「這以前應該是車站的售票亭或書報攤吧！可以想像 19 世紀的時候，華生醫生在這裡買報紙！」如果華生當年真的從貝克街跑到柏林玩的話，來這裡可是看不到任何東西的！隸屬於柏林第一條地鐵線 U1 西里西門站，直

至二十世紀初 1902 年才開通。另外很不好意思地破壞大家的想像，如果華生真的很閒，有空來柏林渡過他的五十歲大壽順便參加車站開通的剪彩儀式的話，他一走進這座鐵綠色的小亭，絕對不是來買車票或買報紙，而是來上廁所的！

　　Bugermeister 的前身其實是車站的公共廁所，所以在亭子的左右兩邊，可以看得到 Männer（男廁）跟 Frauen（女廁）的指示牌子，第一次去的時候，我還傻傻的問朋友說：「買漢堡就買漢堡，幹嘛要男女生分開排隊啊？」

Burgermeister

☎ 030 23883840

◉ burger-meister.de

⌂ Oberbaumstr. 8, 10997 Berlin

🚆 U1 Schlesisches Tor

🕐 Sun-Thu 1100-0300 Fr&Sat 1100-0400

044

柏林 TOP3 冰淇淋店

　　我總是不能理解，為什麼媽媽認為優雅地吃完一支甜筒是簡單也必須的事，某天她甚至翻出了珍藏的《羅馬假期》錄影帶，快轉至奧黛麗赫本在西班牙廣場上吃冰淇淋的片段，然後一邊告訴我，如果能學會像赫本那樣「不著痕跡」的吃冰，長大以後一定能成為人見人愛的淑女。

　　我心目中的柏林 TOP 3：

　　1. 羅馬式冰淇淋「Aldemir Eis」：Gelato 配上大量新鮮水果，盛裝在自製的蜂蜜鬆餅乾盒中，吃完超滿足。

　　2. 北義式冰淇淋「Cuore Di Vetro」：開心果及起士口味冰淇淋使用大量含鹽奶油，甜中帶鹹的獨特風味令人欲罷不能。

　　3. 紐西蘭式冰淇淋「Hokey Pokey」：Hokey Pokey 的招牌口味 Hokey Pokey，在香草冰淇淋中藏了碎焦糖，焦香會隨口中的溫熱與香草冰軟散於齒頰，不時又跳出顆粒碎片刮醒最深層味覺。除了水果與鹹冰淇淋外，這是我最喜歡的私房口味。

柏林 TOP 3 冰淇淋店

Aldemir Eis （羅馬式冰淇淋）

030 6118368

Falckensteinstr. 7, 10997 Berlin

U1 Schlesisches Tor

Mon-Sun 1000-0000
（夏季限定）

Cuore Di Vetro （北義式冰淇淋）

Facebook Cuore Di Vetro

Max-Beerstr. 33, 10119 Berlin

U2 Rosa-Luxemburg-Platz/
U8 Weinmeisterstraße

Mon 1200-2300
Tue-Fri 900-2300 Sat&Sun
1000-2300

Hokey Pokey （紐西蘭式冰淇淋）

0176 80103080

hokey-pokey.de

Stargarder Str. 73, 10437 Berlin

S+U Schönhauser Allee

Mon-Sun 1200-2200
（夏季限定）

Club der Visionäre

×

在白日夢酒吧做白日夢

　　Club der Visionäre 白日夢酒吧位於施普雷河的一道支流旁，岸邊質樸的紅磚小樓裡，連接了木頭甲板的開放式空間，以前是來往船隻提供休憩的碼頭站，現為咖啡廳酒吧，夏日午後許多柏林的男男女女會坐在甲板上，捲起褲管泡水聊天，偶爾滑經的小船也會熱情插話。垂柳迎風搖曳，掃去憂愁煩擾，留在岸邊的，只有活在當下的人們，以及那些小樓中秘密又或公開的白日夢。

　　對船屋有興趣的旅人，也可以到柏林圍牆東區藝廊旁的水上船屋青年旅舍 Eastern Comfort 住一宿，不過容易暈車暈船的朋友，還是儘量避開會搖晃的空間，比較能玩得盡興。

Club der Visionäre

📞 030 69518942

🌐 clubdervisionaere.com

🏠 Am Flutgraben 1, 12435 Berlin

🚊 U1 Schlesisches Tor

🕐 Mon-Thu 1400-0200 Fri-Sun 1200-0400

Eastern Comfort Hostelboat

📞 030 66763806

🌐 eastern-comfort.com

🏠 Mühlenstr. 73-77, 10243 Berlin

🚊 S Ostbahnhof

White Trash

惡魔的搖滾樂餐廳

西里西門大街走到底有間著名的搖滾樂餐廳 White Trash，取「白種垃圾」這樣政治不正確的店名，是外顯的叛逆，而血液裡的反骨，是試圖將所有不協調全部完美混合在一起的野心。他們的料理融合了德國、亞洲、墨西哥、法國、瑞士以及陸軍的特色，乍看之下像是胡搞一通的大雜燴，但在吃過店內的招牌菜——一整隻章魚漢堡後，我突然能夠感受到它看似粗俗無禮的大膽，或許是顛覆傳統中不可或缺的手段。

White Trash 每晚都有各類型的搖滾樂團演出，硬搖與金屬為大宗，因此也有人稱這裡的音樂是 Teufel（惡魔）的音樂，怕吵的朋友可以待在露天區域，夏夜吹風，冬天烤火，頗具海島風情。另外 White Trash 也網羅了冠軍刺青師，組成「No Pain No Brain」Tattoo Studio，無論是傳統美式的槍與玫瑰，還是現代樣式都很拿手。另外，在 White Trash 後的知名夜店與展演空間 Arena Berlin 舉辦的刺青展中，以地主隊的身份挑戰來自世界各地的刺青師傅，是柏林最有名的刺青團隊之一。

White Trash Fast Food

030 50348668

whitetrashfastfood.com

Am Flutgraben 2, 12435 Berlin

Bus 165/266 Heckmannufer

Mon-Thu 1200-0100 Fri&Sat
1200-0300 Sun 1200-0000

Berlin Badeschiff

河上的漂浮游泳池

　　柏林目前有個募資提案「Flussbad Berlin」，計劃在沿著柏林博物館島一側的河段，建造足足有 750 公尺長的河中游泳池，未來旅人或許能夠穿著比基尼或泳褲，在藍天白雲下「暢游」古蹟。

　　這個創意的構想，發源於 2004 年開放使用的柏林 Badeschiff（泡澡船），泡澡船是一座漂浮在施普河中央的游泳池，由建築師 Gil Wilk 及藝術家 Susanne Lorenz 共同設計。

　　在 Badeschiff 裡，恍如置身於荒野自然中游泳，卻沒有真正的湖泊及海水深不見底，一開幕即大受歡迎，每年夏天都有許多年輕人自在地徜徉在市中心的河面，算是一道城市奇景，也是來柏林旅遊的水中蛟龍們，絕對不能錯過的體驗。

Badeschiff Berlin

📞 030 5332030

🌐 arena.berlin

🏠 Eichenstr. 4, 12435 Berlin

🚌 Bus 165/266 Heckmannufer

🕐 Mon-Sun 0800-2400

048

Luzia

插畫酒吧

Luzia 坐落於十字山區（Keuzberg）的酒吧街。白天，Luzia 猶如一般街角巷尾的咖啡館，窗明几淨，咖啡香四溢。在矮櫃前打著奶泡有著卷曲褐髮的店員，在每個大門被推開的時刻，用不特別熱情，不大聲也不小聲的音調順口說了聲 Hello，像是法國電影的旁白角色。店內斑駁的牆面畫有一個正試圖奮力越過一條線的小女孩；在 60 年代的東德式舊桌椅上懸著巴洛克式的水晶吊燈，下面是三三兩兩不成套的二手沙發，她們被著不飽和的顏色，與高低不一的木桌，曖昧又獨立地閒散在馬蹄形的半開放空間中。

一到晚上，Luzia 褪下格子襯衫和黑框眼鏡，搖身一變成了酒吧街上最風騷的 Party Queen。白天能讓陽光大把灑入的落地窗，此時被繡著金色絲線的酒紅色帳幔罩著，帳幔上映著或走或跳動的剪影，有時相互交疊在一起變成黑壓壓的一片，等推開了門才知道，裡頭擠滿了人。這些人有的穿得很隨性、也有人不懷好意地刻意打扮，但大多都帶著強烈的個人風格，無論只是低調塗上指甲油的男人，還是高調戴著直衝雲霄孔雀羽毛頭飾的女人，都隨著節奏擺動身軀，也和緊貼著的陌生人互通氣息，迷醉在酒精及音樂中。

曾經有人形容，在柏林的 Bar 及 Club 裡，有著是一群失憶的人，他們會想像自己是一隻鳥，是一個過氣的芭雷舞伶，是一個漫步林間的詩人或是夜間的騎士。但對我這個不小心闖入的「客人」而言，我所遇見的，就是一隻正飛著的鳥、一個舞著的舞伶、一位吟唱著的詩人、一條騎著老馬的漢子唐吉訶德，雖然和平日的模樣不同，卻是真真實實的自己。

Café Luzia

Ò30 81799958

luzia.tc

Oranienstr. 34, 10999 Berlin

U8 Kottbusser Tor

白天是 Café，晚上是 Bar

Hamam

女子土耳其浴

Hamam

030 6151464

hamamberlin.de

Mariannenstr. 6, 10997 Berlin

U8 Kottbusser Tor

Mon1500-2300 Tue-Sun 1200-2300

為推廣土耳其文化,「巧克力婦女中心」提供土耳其婦女工作及休閒放鬆的機會,而建立了德國第一間土耳其浴池 Hamam,Hamam 為土文的「澡堂」之意,裡頭有土耳其浴傳統的「刷澡」,也有現代化的 Spa 按摩、去角質等服務。

冬天來柏林玩的朋友,到 Hamam 泡泡澡也不失為一驅寒的舒爽行程。當然還有一個好處,就是不用到世界各地其它有名的土耳其浴池和慕名的觀光客人擠人囉!

Smyrna Kuruyemis

土耳其瓜子店

Smyrna 是家位於 Oranienstraße 的土耳其瓜子店，這裡總讓我想起伊斯坦堡街的小店，那種小店通常很簡陋，只簡單的擺放幾張矮桌，供應牌、瓜子和土耳其紅茶。

柏林版本的瓜子店在營業到凌晨兩點的 Smyrna 聚集的，大多是年輕人，他們喝茶或喝咖啡，櫃檯前則有各種不同的乾果如芒果乾、鳳梨乾、奇異果乾，和有殼類食物像瓜子、葵花子、開心果等嗑牙聊天的必備零嘴，如果要説柏林最能體現伊斯坦堡風情的地方，曾經遊覽過兩地的我覺得，不是郊區的清真寺，不是具有象徵意義的頭巾，而是這樣閒人聚集、接地氣的瓜子小店。

Smyrna Kuruyemis

📞 030 61107181

🌐 FB Smyrna Kuruyemis

🏠 Oranienstr. 27, 10999 Berlin

🚆 U8 Kottbusser Tor

🕐 Mon-Sun 0900-0200

Roses Bar

酷兒的玫瑰酒吧

一開始我不太能理解，為什麼喜歡 Roses 的朋友常用「Kitsch」形容這間同志酒吧。在我的德語經驗裡，舉凡脫口說出 Kitsch 的人，對於被描述的對象總是嫌惡至極，這就好比有人帶著無比愉悅的神情說「好臭」一樣，語言表達與情感沒有一絲連貫。

Kitsch 源自德國，出現在十九世紀中葉，後來也收錄於劍橋詞典，會廣為流行據說要歸功於米蘭・昆德拉在《生命中不能承受之輕》裡對這個字的描述。以我淺薄的理解，Kitsch 講白話一點就是昆德拉於書中所說的「對大便的絕對否定」，反過來說，當社會群體覺得特定的事物高大上的時候，自己看著也會覺得「啊！那真是美麗」，被觸發的感動不源於事物本身，而是因為你和別人一樣，被如此高尚的事物感動著而備受感動。

Roses 放著 80 年代的流行樂和 Disco 舞曲，牆上貼滿五彩繽紛又毛茸茸的毯子與打扮得花枝招展的變裝皇后競相爭豔，這樣的風格已經漸漸被主流文化淘汰，黑白與簡約才是這個世代的審美標準。人們到了 Roses 會說「Kitsch！」（低俗），然後轉而跑到米特區的 Lounge Bar 裡聽爵士樂。但柏林就是有一群熱愛俗氣次文化的酷兒，無畏一般人對媚俗的訕笑，他們認為對比起以「崇高」為假面的二手情感，在這個價值氾濫、定義氾濫的時代，直接面對自己對低俗的喜愛，因為真實，才更顯珍貴。

Roses Bar

📞 030 6156570

📍 Oranienstr. 187, 10999 Berlin

🚇 U8 Kottbusser Tor

🚊 Mon-Sun 2100-0600

052

Voo Store

院子裡的潮流店

　　佔地 300 平方米的 Voo Store，是時尚成癮患者不能錯過的複合式精品店，除了服裝品牌如 Acne Studio、A.P.C、Wood Wood，Voo Store 還將時尚的觸角伸及雜誌書刊、質感小物等和設計與品味生活相關的產品。

　　扮演歐洲當代品味生活最重要的角色：烘培咖啡，當然也是店內不可或缺的時尚精品。

　　Companion Coffee 與 Voo Store 相連，它除了是咖啡廳，也是展示咖啡豆與茶葉的 Showroom。老闆 Shawn Barber 及 Chris Onton 多年來在加拿大溫哥華、澳洲伯斯學習各種咖啡知識，最後於 2013 年落腳柏林 Voo Store，因推廣精緻咖啡與茶葉文化而廣受歡迎，為時尚小店添加了一道品味生活的咖啡香氣。

Voo Store/ Companion Coffee

☎ 030 81799958

◉ vooberlin.com

⌂ Oranienstrasse 24, 10999 Berlin

🚇 U8　Kottbusser Tor

🕘 Mon-Sat 1000-1900

Görlitzer Park

哥利茲公園

Görlitzer Park（哥利茲公園）位於十字山區，是一個來的時候需要帶著點青春放縱與好奇心的地方。如果你被在車站兜售大麻的黑人嚇得搭車離去、如果你對有著自由嬉皮象徵的雷鬼髒辮子心生畏懼，那你永遠也到不了柏林最有趣的哥利茲公園。

這裡有藝術家搭建的螢光迷你高爾夫球場、有迎著陽光的咖啡館、有好吃的公園烤雞攤，還有有來自世界各國的人們，躺在草皮上一下午，看雲朵變化成各種形狀。

Görlitzer Park

☎ +49 30 115

🏠 Görlitzer Str., 10997 Berlin

🚇 U1 Görlitzer Bahnhof

Hühnerhaus 36

×

土耳其烤雞店

　說到柏林的移民美食，土耳其自然是大宗，最常見的除了有名的 Dönner/Kebab，還有整隻烤雞。歌利茲公園外有家烤雞攤，用邊烘烤邊旋轉的烤架，使每隻雞均勻受熱，烤出來的雞也不似一般的雞肉乾燥無味，完美的將雞汁鎖在烤得香脆的皮中，所以非常受柏林人歡迎！

　為了應付大排長龍的顧客，幾年前老闆在攤子對街開了間店，每次經過仍是一副高朋滿座的景象。我最喜歡吃的是 Hot Wings（小雞翅），半烤半炸的雞翅不會太油且又酥又香，吃的時候，土耳其人會沾特製的大蒜醬，想吃吃道地風味的朋友也能嘗試看看。

Hühnerhaus 36

　0177 8596602

　hühnerhaus.com

　Skalitzer Str. 95a,10997 Berlin

　U1 Görlitzer Bahnhof

　Mon-Sun 1000-0300

3D Schwarzlicht Minigolf

夜光迷你高爾夫

　　歌利茲公園裡有棟倉庫建築，像一支怪手從世界另一頭憑空抓來的鐵皮屋，然後往地面一扔，哐啷一聲，就這麼孤零零又不協調地卡在一片草地間。進入屋內，更是覺得裡頭根本是被錯植的異度空間，原來這裡是十字山區有名的 3D 螢光高爾夫球場。進去後，櫃檯給我們幾支 Mini 高爾夫球杆、3D 眼鏡及計分的紙筆，走過幽暗的地下室，經過一個轉角，一片螢光世界衝入眼簾，每個房間有不同主題，並設置 5 座以上的 minigolf 障礙軌道，但最棒的彩繪在星際房，房間內環繞四周的銀河恍若整個空間漂浮在宇宙，輕鬆得讓人忘記每次揮杆都進不了洞的挫敗感。

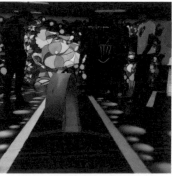

Schwarzlicht-Minigolf

 030 61621960

indoor-minigolf-berlin.de

 Görlitzerstr.1(im Görlitzer Park, Haus 1),10997 Berlin

 U1 Görlitzer Bahnhof

 Mon-Sun 1200-2200

056

Café Edelweiss

╳

小白花咖啡館

　　小白花咖啡館位於哥利茲公園北側，在這石磚堆砌而成的古樸黃色建築裡，以前是哥利茲車站。以前這裡是過客的轉運地，直到車站遷移，咖啡館進駐，人們才開始在這裡逗留。他們最喜歡坐在門外連著一大片草地的露台，或坐或躺，沐浴在緩慢墜落的陽光底下，像是阿爾卑斯山野間隨處可見的小白花，讓陽光洗去沾染一身的泥土，洗去日常積累的疲憊。

　　註：Edelweiss，是一種產自阿爾卑斯山區的高山火絨草，Edel 意為高貴，Weiss 則是純白。Edelweiss 也是奧地利的國花。

Café Edelweiss

030 69508443

edelweiss36.com

Görlitzerstr. 1-3,10997 Berlin

U1Görlitzer Bahnhof

Mon-Sat 1000-0300

Baraka

摩洛哥風味轉轉拼盤

柏林人取了可愛暱稱的 Kotti（Kottbusser tor）和 Görli（Görlitzer Park）兩個車站中間，是十字山區著名的覓食好地點，除了 Oranienstraße 酒吧街上的特色餐廳及咖啡館外，沿著歌利茲車站兩邊，也有許多好吃的異國美食，例如時尚的韓式燒烤店泡菜公主（Kimchi Princess）、素食者的好夥伴漢堡餐廳金色晨光（Yellow Sunshine），及北非摩洛哥餐廳 Barake。

Barake 在阿拉伯語中為祝福的力量之意，餐廳的符號像隻鳥。我的葉門好友阿里告訴我，其實那是由 Barake 的阿語字母所組合而成的圖案。服務生是各個帶著陽光笑容的中東人，笑容可掬誠意十足的態度，完全比下歐式餐館「若不給小費，我會不爽」的服務生。

第一次去的朋友，可以試試摩洛哥綜合拼盤，內含一大盤香噴噴米飯及九道風味各異的小菜及醬料，如炸蔬菜球、炸起士、炒茄子、摩洛哥燉肉等，多種口味一次滿足。

Baraka

- ☎ 030 6126330
- ⊕ baraka-berlin.de
- ⌂ Lausitzer Platz 6, 10997 Berlin
- 🚇 U1 Görlitzer Bahnhof
- 🕐 Mon-Sun 1100-2300

Bergmannstraße

×

二手咖啡街

　　礦工街（Bergmannstraße），有著和其粗獷之名截然不同的樣貌，所以我們姑且捨棄意譯使用音譯，稱呼它為貝格曼街吧！文具店、書店及咖啡店林立的貝格曼街，是我最喜歡的柏林街區之一，它文藝，卻沒有假文青的裝飾氣息，沿著街道排排站的店家是日常的總和，你可以從創意廚具用品、二手書店、專賣南洋風格的家飾小店中，勾勒出一種愜意生活的樣子，因為不崇尚簡約風格而更有溫度，像是不小心被潑了各色油漆的無印良品雜誌，也難怪此地的居民總說貝克曼街是「Die bunteste Straße Berlins」，最色彩斑斕的柏林街道。

Bergmannstraße

 U7 Gneisenaustraße

Fachwerkhof

柏林的四合院：手工藝院子

　　柏林大部份的公寓住宅都包含了一個院子，德文叫做 Hof，樣子有點像臺灣傳統的四合院。在德國四合院裡住著的人，多不是親人，而是可以攀談幾句也可以擦身而過的鄰居關係。

　　在柏林，許多院子因為東德共產的歷史遺跡：公社（Kommune）而增添了許多活潑及有趣的樣貌，不同於一般的院子僅種了樹和草皮以及幾個分類的大垃圾桶，發展出集體社群概念的院子裡面，有的有獨特的標語，有的看得見不同藝術家畫在牆上的塗鴉及裝置藝術。我總是告訴來柏林觀光的朋友，不妨多走進開放的院子裡，它們通常別有洞天，幸運的話，也許能碰見好玩的小驚喜。

　　而貝格曼街邊上的手工藝院子，又是另一種

風情。它保留了百年前德國傳統民宅——木框架建築樣式，這樣的中世紀古房目前僅存於世界文化遺產小鎮奎德林堡（Quedlinburg）或是巫婆鎮哥斯拉（Goslar）這樣的古老鄉村中。手工藝院子的管理人 Dietrich 和 Mariatta 邀請擁有專業手藝技能的店家進駐，在這不到一座籃球場大小的迷你院子中，有製偶師的工作室、物理師治療診所、美髮沙龍及藝廊。

Fachwerkhof für Kunst und Handwerk

🌐 fachwerkhof-berlin.de

🏠 Solmsstraße 30, 10961 Berlin

🚇 U7 Gneisenaustraße

Knofi

土耳其香料咖啡廳

1986 年，Senay 父親的土耳其超市及肉鋪於貝格曼街開張，裡頭販賣生鮮蔬果，以及合乎伊斯蘭屠宰規範的肉品。九〇年代中期接手經營的 Senay，不想讓辛苦經營的小型超市淹沒在土耳其商人競爭的紅海中，於是不顧家人反對，決定將超市轉型。她看到了柏林日益增長的素食人口，因此第一步便是取消販賣肉類製品，取而代之的是來自家鄉土耳其及波斯、摩洛哥等對德國人來說，充滿異域風情的東方香料及自製醬料，一推出便大受歡迎。Senay 同時不斷改良媽媽的食譜，將真正的土耳其家庭料理及甜點從家中的餐桌，端到顧客眼前。

現於貝格曼街上，你可以看到兩家 Knofi 像是彼此的鏡子一般，在街的兩面相互映照，一家專賣葡萄酒、橄欖油、醋、手工麵條、香料及各種自製中東醬料；另一家則是供應熱食與蛋糕的咖啡廳。

這裡的招牌餐點是外形有點像韭菜盒子的土耳其薄餅 Gözleme，Gözleme 是源自安納托利亞高原的傳統菜餚，烤得微焦的麵皮包覆著被熱氣融化的羊奶酪拌菠菜，紮實又柔軟，配上土耳其紅茶，讓食客們感受到濃濃溫暖的異國風味，也使得這間兩代人經營近 30 年的小店，始終絡繹不絕。

Knofi

030 6945807

knofi.de

Bergmannstr. 98, 10961 Berlin

U7 Gneisenaustraße

Mon-Sat 0900-2300 Sun1100-2300

Mustafa's Kebab

歐洲遊客最愛的
炒蔬菜土耳其卷餅

1960 年，26 歲的努爾曼離開家鄉到德國打拼，一開始他以裝配影印機維生，攢夠錢後，努爾曼於 1972 年在柏林開了第一家屬於自己的小吃攤，他改良了故鄉安納托利的傳統旋轉肉串，把肉串刷下來的肉片末加上新鮮沙拉與醬料，用麵包夾住或餅皮卷起，以求更符合德國人的口味與外帶食用的方便性，從此新式的土耳其烤肉三明治 Döner Kebab 誕生，並成為德國最受歡迎的街頭小吃。

Kebab 像許多台灣小吃，要做得好吃不難，要做到「最好吃」卻必須打敗滿街的競爭對手與挑戰從小熟悉 Kebab 滋味的柏林人。總是大牌長龍的 Mustafa 便是柏林 Kebab 界的翹楚，成功的祕訣？就是比較美味、比較特別，價格卻同樣實惠。除了一般新鮮沙拉與烤肉，Mustafa 的 Kebab 裡多塞進了茄子、櫛瓜等熱炒蔬菜還有炸薯條，因此口感硬是比別家店 Kebab 多了一層，香味也更多元。

提醒第一次嘗試柏林的 Kebab 的朋友，店員會在製作食物的過程中問客人想要哪種抹醬，通常有三種可選：辣醬、蒜醬、香草醬，顧客可以選擇其中一樣或是全部都加；第一次去 Mustafa 朝聖的朋友，建議在上午十點一開門的時候拜訪，否則便只能和廣大的歐洲遊客一起，餓著肚子排半小時以上的隊伍了。

Mustafa's Kebab

🔵 mustafas.de

🏠 Mehringdamm 32, 10961 Berlin

🚆 U7 Mehringdamm

🕐 Mon-Sun 1030-0200

Chapter 6

Neukölln

諾伊克爾區

Neukölln
諾伊克爾區

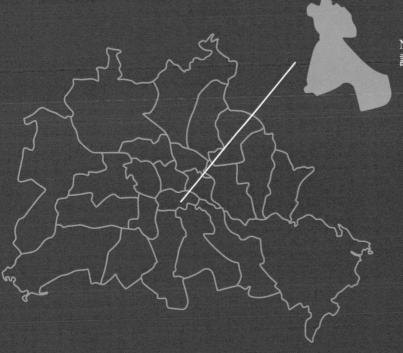

Five Elephant

五象烘培咖啡

第三波咖啡店為了精准掌握每杯咖啡的口感及香氣,多備有咖啡豆烘培機器,柏林最受喜愛的自烘咖啡館,除了藝廊街的 The Barn、圍牆公園旁的 Bonanza Coffee,最後就是 Five Elephant 了。它們在柏林可説是「三強鼎立」。

除了咖啡,五象還有另一群為起士蛋糕而來的忠實顧客,店內自製的 NY Cheese cake 的名聲響亮,時常令人誤以為它是家蛋糕店,即使愛喝咖啡如我,第一次去五象最期待的也是點一塊傳説中的蛋糕。這裡的 NY Cheese cake 比重不同,最上層的白色酸乳酪濃醇,直衝味覺;夾在中間的鵝黃色輕奶油溫軟,一遇上口中的溫度就融化散漫,而底下扎實的消化餅乾,香脆卻濕潤,足足一公分以上的厚度總能帶來滿滿飽足感。後來每年生日我都會直接到五象訂購一整個 NY Cheese cake 與親朋好友分食,獨樂樂不如眾樂樂,這就是甜點比個人主義式的精品咖啡更吸引人的地方了。

Five Elephant

📞 030 96081527

🌐 fiveelephant.com

🏠 Reichenberger Str. 101,10999 Berlin

🚇 M29 Glogauer Straße

🕐 Mon-Fri 0830-1900 Sat&Sun 1000-1900

Hüttenpalast

露營車旅舍

　　無論是亡命天涯的《末路狂花》，還是革命色彩濃厚的《摩托車日記》，或者一家人共同追夢的溫馨小品《小太陽的願望》，都是行駛在一條陌生的道路上，無法倒車的前進，隱喻了人的生命時間。走過即消逝的現實，我們永遠也不可能再過一次二十歲又零一天，所以電影的主角們通常抱著「誓不回頭」的決心，這樣的決心殘酷卻很浪漫，深深吸引了觀眾，讓公路旅行成為許多人，夢想著此生一定要體驗一次的熱血之旅。

　　在現代的公路旅行，最重要的配備就屬露營車了，露營車的德語「Wohnmobil」意為會移動的房子，踏上旅程的人們將一切生活所需壓縮在小小的空間裡，方便讓引擎帶著走。

　　柏林諾伊克爾區的一條小巷中，隱藏了一間以露營車為主題的青年旅舍 Hüttenpalast，從古老的木造房、荒野大飆客的金屬鐵皮屋、電影裡最常見的白色塑膠拖車，到象徵嬉皮的彩繪風格，來自各年代不同樣式的露營車，像是散落在室內露營營地的帳篷，也是旅舍的獨立房間。

　　想嘗試公路旅行卻仍未上路的朋友，可以先來 Hüttenpalast 體驗住宿露營車的樂趣，而這樣打開車窗便能和鄰居打招呼的旅館，也特別適合喜愛認識新朋友的旅人。

Hüttenpalast

030 37305806

www.huettenpalast.de

Hobrechtstr. 66, 12047 Berlin

U8 Hermannplatz

Türkischer Markt am Maybachufer

河邊的土耳其市集

柏林河岸碼頭邊的土耳其市集，在每個星期二、五營業。土耳其小販會在河邊用木板搭建棚子，擺賣生鮮蔬果、中東香料、生活雜貨、織品布料，在時令期間，還會販賣酪梨、草莓、櫻桃等水果。接近傍晚的收攤時刻，土耳其大叔還會熱情的「Kiste ein Euro! Kiste ein Euro！」（一箱一歐！一箱一歐）大聲叫賣。

而為了搶生意吸引顧客的注意，會兩句外語是必須的。有趣的是，這些賣菜小販口中的問候，恰巧反映了東亞各國的國力消長。我 2010 年剛到柏林時，零星聽到地 kon-ni-chiwa，到命中率百分之百的你好，然而，最離奇的則是從 2012 年底到 2013 年被叫了整整一個冬夏的「Gangnam Style」，這樣的問候語簡直莫名所以，後來才知道，原來來自韓國的鳥叔，憑藉這首歌曲，主宰了全球一整年的流行文化，從五光十色的好萊塢，到柏林河岸一條，在滿是移民大叔大媽的土耳其市集，無一倖免。

Türkischer Markt am Maybachufer

FB Türkischer Markt Maybachufer

Maybachufer, 10967 Berlin

U8 Schönleinstraße

Tue & Fri 1100-1830

Tandur Lasan

熱騰騰的土耳其窯烤餅

　　Yufka 是來自土耳其的大圓餅皮，將麵粉、水及鹽巴混合成麵團後，放進鐵鍋裡窯烤，因為要烤到焦香，所以成品溫軟又酥脆，在土語裡形容一個人有顆易碎的玻璃心時，也會說「真是 Yufka！」。柏林最常看見這種土耳其大圓餅的地方，在路邊賣 Döner 的小吃攤，裡頭販賣的 Dürum Döner 以 Yufka 餅皮將羊肉與沙拉包成卷，但餅皮通常來自大量製造的工廠。

　　地鐵站 U8 Schönleinstraße 出口有間土耳其餅店，專賣手工窯烤 Yufka，對當地的土耳其移民來說，比紮實手工技術及老式烤爐更珍貴的，是麵餅簡樸的古早味；而對常到附近買菜的我來說，沒有比買到新鮮出爐、一張才 30 Cent（十元台幣）的香噴噴麵餅有著更高的性價比了，所以時常一買就是一疊，熱騰騰的就邊走邊吃，冷掉了，拿回家後做成 Pizza 也不賴。

> Tandur Lasan
>
> 030 69814098
>
> Kottbusser Damm 6, 10967 Berlin
>
> U8 Schönleinstraße
>
> Mon-Fri 0900-1900 Sat&Sun 1000-1900

Roamers Café

美好咖啡廳

　　Roamers 將一本美好的生活飲食雜誌變得立體。如果你受夠了某些文青咖啡及第三波咖啡店的造作，Roamers 帶上生活感的文藝的氣質，絕對是被「偽文青、假慢活」疲勞轟炸後的療癒特效藥。

　　比起現在柏林許多以「指導客人，培養客人品味」為原則的小店，Roamers 對客人不任性的親切服務態度，令人感到舒服；而另一方面，他們對食材、料理、咖啡卻很是任性，老闆在接受柏林知名部落格訪問時說，因為小時吃膩了媽媽一成不變的家常料理，所以每天都在研究新的餐點菜色。這些將推出的新品，必須先受到所有在店內工作夥伴的喜愛，才會被寫在菜單上。元旦那天，我點了酪梨番茄炒蛋，配上雜糧麵包，簡單又有飽足感。新年的第一天，在 Roamers 享用好吃的第一餐，真的很幸福。

Roamers Café

roamersberlin.tumblr.com

Pannierstr.64, 12043 Berlin

U8 Hermannplatz

Mon-Fri 0930-1900
Sat&Sun 1000-1900

067

Admiralbrücke

河邊的聚會地點

柏林的夏天有許多迷人之處，你可以到森林舞台（Waldbühne）在樹林間聽柏林愛樂休季前最後一場公演，也可以穿著比基尼悠遊郊區大大小小的湖泊，或者不穿，轉個彎到 FKK 天體沙灘。柏林盛夏的天空很藍，靠水的地方就能看見自然，要是懶得跑遠，貫穿市中心河流兩岸的草皮，也是曬日光浴及談情說愛，以天為蓋地為廬的好地點。

Admiralbrücke（海軍上將橋）是 Maybachufer 邊上的一座小橋，因為舒服靜僻 、橋的一側蔓延了大片綠草地，逐漸成為柏林人假日及下班後的秘密據點。大家在橋上席地而坐，把腳踏車倒放在路邊或草皮上，手拿一瓶啤酒，和朋友聊天談笑，看波光閃動、夕陽墜落，又是一個景不醉人人自醉的美好的夜晚。

自從寂寞星球將 Admiralbrücke 收錄於旅行指南中，這個柏林人的秘密據點已經不再是隱藏的寶藏，也成為歐美觀光客喜歡湊上一腳的新大陸，他們有模有樣地學柏林人喝 Pilsner（皮爾森啤酒）、捲煙，最後連柏林的城市腳踏車 Call a Bike，也在橋邊設置了腳踏車站，從此 Admiralbrücke 成為了旅人來柏林，過站停靠的另類天堂。

Admiralbrücke

FB Admiral-Brücke X-Berg

Planufer 64, 10967 Berlin

U8 Kottbusser Tor

068

Hard Wax

傳奇電子樂黑膠唱片行

柏林是世界電子音樂的重鎮,而柏林電子音樂的幕後推手,則隱藏在十字山區一棟舊工廠建築的三樓。1989 年,正逢東西德統一時刻,大批東德的居民踩破混泥土隔板奔向西德,遺留下大量的無人空屋,據估計,當時的東柏林有近三分之一的閒置建築,而其中有一百五十棟房子在未來幾年之內,成為電音夜店的根據地。

時代浪潮拍上岸的,是夜店廢墟裡頭聚集的那群搖頭晃腦的年輕人,他們之中許多喜愛 Kraftwerk、熱衷於聲音實驗的人,在夜晚的舞池中央震盪,白天則著拿著自己作的音樂,到廢棄工廠三樓的 Hard Wax 與同好交流討論,而那些經 Ernestus 重新製作並由 Basic Channel 發行的音樂,後來都成為電子音樂史上的重要專輯。

Hard Wax 除了是柏林電子音樂的搖籃之外,另一傳奇之處是名副其實的「DJ 學院」,許多年輕時曾經在店內工作的員工,往後都成為著名 DJ 及唱片製作人,例如葛萊美獎得主 Paul van Dyk、DJ Hell 與玩電子樂一定會使用的軟體 Ableton live 的開發創辦人 Robert Henke,他們都或多或少地改寫了不到百年的電子音樂史,而其中最重要的一頁,記著的便是柏林 Hard Wax。

Hard Wax

📞 030 61130111

🌐 hardwax.com

🏠 Paul Lincke Ufer 44a, 10999 Berlin

🚇 U8 Kottbusser Tor

🕐 Mon-Sat 1200-2000

069

Neukölln 48 hour

×

諾伊克爾 48 小時藝術節

柏林每年舉辦超過百個嘉年華會，大到封街遊行的文化嘉年華及同志大遊行；小至街上居民自己舉辦的「街慶」，這些大大小小的活動不僅凝聚了城市及社區意識，也提供一個很好的平台，讓議題性的社群團體能發表他們的訴求，也讓許多表演者及藝術家有更多曝光作品的機會。 48 Stunden Neukölln（諾伊克爾 48 小時藝術節），就是一個結合社區再造及藝術活動，自 1999 年開始，選定入夏的一個週末，48 個小時連續不打烊開放民眾入內參觀，平時不開放的個人工作室或私人的社團協會，也趁這個機會展現工作成果，

現已成為諾伊克爾區的年度盛事，也是我最喜愛的柏林節慶之一。某年的藝術節，穿梭諾伊克爾的大街小巷，走過一個又一個櫥窗後，幸運路過了一場陽台音樂會，原來是學聲樂的居民共襄盛舉參與藝術節，直接在家中的陽台上高歌！

斑駁的牆阻擋不了劇院級的好嗓音，路人仰頭欣賞，結束時報以熱烈歡呼及掌聲，藝術從來不遙不可及，不過兩樓咫尺的距離，不用刻意找尋，只要停下腳步，打開耳朵眼睛停看聽。

48 Stunden Neukölln

48-stunden-neukoelln.de

Neukölln, 12047 Berlin

U7 Rathaus Neukölln

備註：此藝術節約在每年 6 月舉辦

070

Bass Cadet Record store

古董衣黑膠唱片行

柏林最常出現黑膠唱片的地方是跳蚤市場，賣的多是二手老唱片。在 Bass Cadet 唱片行，則可以買到新錄製的黑膠唱片，Electronic、Disco、House 和 Techno 等最柏林風格的音樂，這裡都找得到，它們也供應舒服的沙發讓音樂同好可以當場試聽。

除了沙發這裡還有更衣室，唱片區的另一側是 Down by Retro 古董衣服飾店。來自波爾多的 Etienne 及巴黎的 Laura 是彼此最好的朋友兼工作夥伴，為了未來各自打拼，四年前從法國出走到柏林，最後落腳維瑟街，在小小的店面內，一人使用一半的空間，Etienne 開唱片行、Laura 賣衣服，在兩條看似平行的商品類型裡，共創一條實現夢想的路。

Bass Cadet Record store

🌐 basscadetrecords.com/store

🏠 Weserstrasse 189, 12045 Berlin

🚃 M41 Fuldastraße

🕐 Tue-Fri 1200-2000 Sat&Mon 14-20

Down by Retro

🌐 downbyretro.com

🏠 Weserstrasse 189,12045 Berlin

🚃 M41 Fuldastraße

🕐 Tue-Fri 1200-2000 Sat&Mon 14-20

Picnic Berlin

野餐出租店

一個人的生活習慣無論到了何處，通常都會維持原來的樣子，譬如愛吃的人旅行的時候，可能為了飽餐一頓而錯過博物館的開放時間；喜歡閱讀的朋友，經過書店一定會迫不及待地進去逛逛，縱使裡頭販賣的書籍是從來也看不懂的外語。來到柏林之後有兩件事，是我在出生長大的臺北從來沒做過，來到柏林卻無法自拔地瘋狂愛上的事。這兩件我的「柏林限定」，分別是騎腳踏車與野餐。

在三百多公頃大的 Tempelhof 機場公園外，有家野餐出租店 Picnic Berlin，專門出租美麗的竹編野餐籃。籃子裡頭裝滿所有野餐的必需品：野餐墊、瓷盤餐具、玻璃杯、調味料、報紙、桌遊及快速羽球。

除了野餐籃，Picnic Berlin 也販賣食物及飲料，像是汽泡酒 Prosecco、德國傳統蝴蝶結麵包 Brezel 等，如果不習慣吃冷食，機場公園外一家韓式料理小攤「Mmaah」也是一間提供美食的熱量補給站，韓式烤肉飯以小吃的形式販賣，讓客人能夠帶著到野餐墊上，享受在一望無垠的綠草及藍天下用餐的滋味。

Picnic Berlin

📞 0177 897 35 22

🌐 picnic-berlin.com

🏠 Höhe Hausnummer 22, 12051 Berlin

🚇 U8 Leinestraße

🕐 Tue-Sun 1200-2100 晴天限定

Mmaah

📞 0176 93090623

🌐 mmaah.de

🏠 Columbiadamm 160, 10965 Berlin

🚇 U8 Boddinstraße

🕐 Tue-Sun 1200-2100

Klunkerkranich

停車場頂樓酒吧

柏林是座沒有高山的城市，想要伸手觸摸天空，最方便的方式是爬上屋頂。諾伊克爾區的 Klunkerkranich 肉垂鶴酒吧，位於 Neukölln Arcaden 商場的頂樓，搭乘電梯到最上層的停車場可以找到酒吧入口。

下雪的時候，客人窩在溫暖的酒吧木屋裡，看白雪細如糖霜，軟軟地飄落城市屋頂上；夏天躺在酒吧露台上向北望，可以看見遠鏡頭中的電視塔，像一塊生日蛋糕上的蠟燭，在夕陽餘暉中閃爍。酒吧不定期舉辦露天市集或電影之夜等活動，成為柏林東南方近年最熱門的約會地點。住在西柏林的朋友，則可以到動物園站、隸屬於 25Hour Hotel 的 Monkey Bar 小酌一杯，飯店的樓高，能眺望得更廣更遠，最特別的是 Hotel 隔壁為柏林市區動物園，從 Monkey Bar 向下望去就是一片縮小版的動物地圖，別有一番遼闊的野生風情。

Klunkerkranich

📞 030 666666

🌐 klunkerkranich.de

🏠 Karl-Marx-Str. 66, 12043 Berlin

🚇 U7 Rathaus Neukölln

🕐 Mon-Sat 1000-0130 Sun1200-0130

Monkey Bar

📞 030 120221210

🌐 25hours-hotels.com

🏠 Budapester Straße 40,10787 Berlin

🚇 S+U Zoologischergarten

🕐 Sun-Thu 1200-0100 Fri&Sat 1200-0200

Chapter 7

Cultural Life

柏林書店
&
文具店指南

MODE
MODE
À VOTRE SANTÉ
8 DETACHABLE POSTERS READY FOR FRAMING
pour moi, c'est
un Dubonnet
8 DETACHABLE POSTERS READY FOR FRAMING
HOKUSAI
SKI!
Botticelli
BERLIN METROPOLIS
KLEE & KANDINSKY
NACHBARN FREUNDE KONKURRENTEN
PRESTEL

柏林大型文化百貨書店

Dussmann

　杜斯曼（Dussmann）是柏林的誠品。除了它們同屬大型文化百貨書店外，還有便民至凌晨的營業時間。在接近午夜時刻的杜斯曼，仍有許多失眠患者遊走在不同的故事中，有的站著、有的蹲著，有的舒適的坐在沙發上，以安靜的姿態與托爾斯泰面對面，又或是與莎翁來場文藝式對談，但最棒的莫過於能驚訝的發現，鄰座的男（女）人，也對維根斯坦哲學的思想病症深感興趣，於是又是一場午夜中的浪漫邂逅。

Dussmann das KulturKaufhaus

030 2025 1111

kulturkaufhaus.de

Friedrichstraße 90, 10117 Berlin

S Friedrichstraße

Mon-Sat 0900-0000

074

柏林最佳設計書店

Pro-qm

Pro-qm 是間販賣關於城市美學的主題書店，簡白的牆壁擺滿流動的城市圖像，從建築、都市設計、街頭流行文化，到傅科、班雅明的當代政治社會觀察著作，一本本圖書在上架與被買走間，反映著如同長鏡頭底下的城市變遷。

Pro-qm 由三位建築師與藝術家於 1999 年創設，2007 年搬至米特區一棟 1920 年代由德國表現主義建築大師漢斯・普爾齊（Hans Poelzig）所設計的民房內，書店的室內設計裁切為多層次的立體空間，精準的現代裝潢與城市美學主題書籍恰而其份地融合為一體，為彼此增色，也難怪 Pro-qm 時常被選為柏林最佳設計書店了。

Pro-qm

☎ 030 24728520

🌐 www.pro-qm.de

🏠 Almstadtstr. 48-50,10119 Berlin

🚇 U2 Rosa-Luxemburg- Platz

🕐 Mon-Sat 1100-2000

075

Shakespeare & Sons

向巴黎左岸致敬！莎士比亞與他的兒子

　　對書店稍有研究的朋友，一定聽過位於巴黎左岸的《莎士比亞》書店（Shakespeare and Company），那是一九二○年代海明威等一票，曾經漂浪的偉大作家聚會駐足的場所，直到五○年代喬治‧惠特曼（George Whitman）在當年幾家逐漸沒落的藝文沙龍間，重新打開莎士比亞書店的大門，同時在閣樓間擺上幾張床，讓年輕沒錢卻懷抱夢想的作家，能棲身於此專心寫作，才又活絡起來，因而受到後世許多作家的崇敬。

　　Shakespeare and Sons 裡頭像是一般尋常人家的客廳，老闆 Roman 年輕時曾經是巴黎莎士比亞書店「閣樓俱樂部」的一員，在書店裡整理書籍換宿，離開巴黎後，為了感念當年喬治‧惠特曼的照顧及其有關書籍與書籍販售知識的傳承教導，將往後自己於布拉格及柏林所經營的書店命名為 Shakespeare and Sons，並堅持巴黎莎士比亞保留英語書籍的傳統，因此在柏林的莎士比亞，你會看到大量的英語及法語選書，還有好吃的貝果！貝果是另一名經營者 Laurel 的家傳食譜，她將 Bagel 帶入書店後大受歡迎，從此尋訪 Shakespeare and Sons 的不再只有書蟲，還有熱愛甜點的食客了。

Shakespeare and Sons

www.shakesbooks.de

Warschauer Str. 74, 10243 Berlin

M10 Husemannstraße

Mon-Sat 0900-2000 Sun 1000-2000

076

Berliner Büchertisch
柏林的書桌

　「柏林的書桌」（Berliner Büchertisch）除了是柏林最大的二手書店外，也是個成功的社會企業。創辦人 Ana Lichtwer 認為，閱讀應該是每個人都負擔得起的事，於是建立二手書轉運站，推廣閱讀。

　運行的方式是這樣的：一般民眾可以將家中不需要的書本帶到 Berliner Büchertisch，換取自己想要的書或是一杯咖啡，書店將這些私人捐贈或者換取的書籍搜集起來，分門別類整理好後，再大量捐贈予需要書籍的機構，如幼稚園、學校圖書館、監獄圖書館等。一般人也能在書店裡以二手書的價格購買書籍，扣除集書中心，Berliner Büchertisch 目前在柏林有 3 間開放書店，超過 5 萬本的藏書供讀者挑選，而販賣二手書的收入恰能維持社會企業的營運，以負擔 Ana 僱用社會弱勢為人力與推廣閱讀的成本。

Berliner Büchertisch

- ☎ 030 61209996
- ◉ buechertisch.org
- ⌂ Mehringdamm 51, 10961 Berlin
- 🚇 U6 Mehringdamm
- 🕐 Mon-Sat 1100-1900

R.S.V.P
紙的專賣店

　　小時候上美勞課的自由繪圖時間，我拿粉彩筆在一般 A4 的列印紙上狂擦猛塗，卻怎麼樣也達不到老師示範畫裡美麗的漸層效果，更糟糕的是，顏料無法附著到紙上，畫不成圖還掉了滿地彩色屑屑，哭著跑去找老師後，才知道粉彩筆其實有很強的覆蓋性，但僅限於塗抹在粗糙的表面，最後老師給了顆粒很大的粉彩專用紙，讓我重試一遍，這才畫出了和老師的畫相仿的樣子，也讓我開始注意到「紙」不僅僅是文字的載體，除了當個稱職的配角外，也是有著千變萬化面貌的出色主角。

　　R.S.V.P 是紙的專賣店，店裡所販售的各式紙品如同有著溫婉氣質的老闆 Meike Wander，散發著暖暖的溫度。本身就是紙品收藏家的 Meike，搜集來自獨立設計師與小型工坊出產的手工紙，除了紙張成品的細緻與獨特性外，她也很重視生產過程，希望能保留傳統紙匠的造紙工藝技術。店內也有來自各國的質感文具，例如捷克的鉛筆品牌 Koh-I-Noor 以及德國最著名的記事本品牌 Moleskine。

R.S.V.P

📞 030 28094644

🌐 rsvp-berlin.de

🏠 Mulackstr. 14, 10119 Berlin

🚇 U8 Weinmeisterstraße

🕐 Mon-Thu 1100-1900 Fri&Sat 1100-2000

Pomeranza Design Ranch
社區設計小店

柏林有點像一座大冰山，旅遊書中揭露的 20% 就足以吸引每年超過一千萬人次的遊客，但海平面下隱藏的 80%，才是柏林的真實主體。當每次發現了一個沒有人介紹過的秘密地點或店家，我總是猶豫著要不要寫出來分享給大家，感性的左腦說，這個城市的美好一定要讓更多人知道！理性的右腦踩了煞車，深怕那些美好會像冰，被蝗蟲過境一般的觀光客踩踏後，消融得不著一絲痕跡。

設計小店 Pomeranza 就是其中一家未被任何一本旅遊書及部落格介紹的地方，它坐落在安靜的住宅區，來往的客人是接送孩子上下課的媽媽、在咖啡館工作的自由業者，或是迷路的觀光客，店內販賣各式設計小物、手賬、文具用品，附近有兒童手作工房、古老的玩具店、花。

Pomeranza Design Ranch

📞 030 48495760

🌐 pomeranza-shop.de

🏠 Raumerstr. 19, 10437 Berlin

🚆 M2 Fröbelstraße/ S Prenzlauer Allee

🕐 Mon-Sat 1000-1900

Modulor

設計人的材料星球

Modulor Material Total

030 690360

www.modulor.de

Prinzenstr. 85, 10969 Berlin

U8 Moritzplatz

　　占地三層樓的 Modulor 是令所有設計、藝術與建築系學生為之瘋狂的寶藏庫，裡頭販賣各種文具、線材、紙品、布料、模型……內行的看門道，往往看著看著一整個下午的時間就過去了，而外行的我總是在這裡逛得眼花繚亂，不知所措。

　　還好貼心的 Modulor 像 IKEA 一樣，每個材料小區都有諮詢人員可供諮詢。有陣子我異想天開想把家裡當作深夜食堂，堅持要將牆壁變成黑板，可以隨手寫菜單，還要標售價，詢問過店員以後才知道，把牆壁變成黑板有許多種方法，除了買一塊真正的黑板裝上去，也有種「黑板貼紙」，薄薄一層貼上壁面就有了坊間咖啡廳的風格，而更神奇的是「黑板漆」，粉刷乾燥過後，就能直接用粉筆在漆面上塗鴉寫字。為因應下一個異想天開，我選擇了撕除方便的貼紙黑板，然後興沖沖地跑到二樓拿粉筆，十來種的粉筆中挑了一隻長方體狀、看起來最像米開朗基羅還是張大千會拿來做畫的工具，沒想到結帳時，櫃檯的工作人員熱心地提醒說，「不是所有粉筆都適合寫在黑板上喔！妳要去拿另一種。」頓時為我的自作聰明感到尷尬萬分，果然隔行如隔山，屁股後頭一整排的設計師及美術系學生肯定不會犯這種低級錯誤吧！

　　Modulor 所在的 Aufbau Haus 是一個創意藝文中心，現代主義的鐵灰清水模建築裡，除了著名的材料行 Modulor，還有出版社、劇場、展演空間，而附近的 Beta Haus 則聚集了最自由的一群工作者，他們大多是 freelancer 或是創業家，在 Beta Haus 共享工作空間，透過合作以及知識交流，使得 Beta Haus 成為柏林新創產業的新興搖籃。

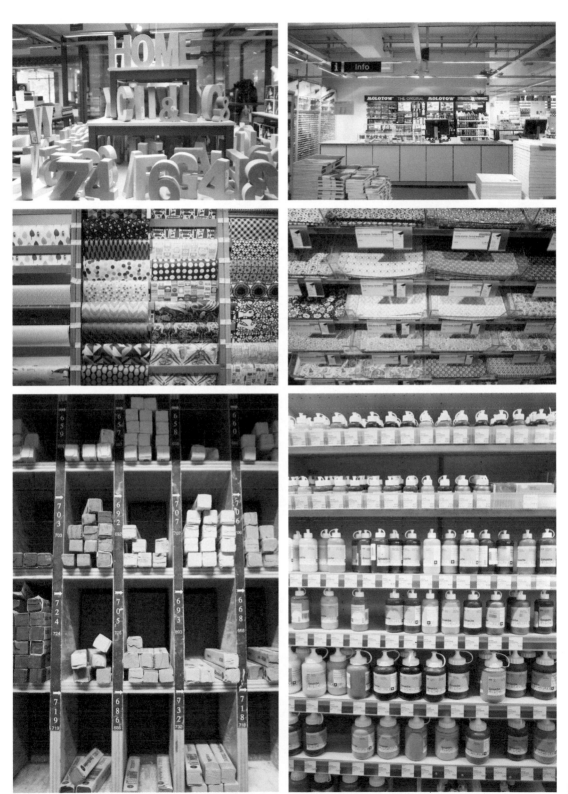

080

柏林大學圖書館
洪堡大學格林中心

　　冷戰曾經將世界撕裂成兩半，也將柏林最古老的大學永遠拆分成兩所學校。1810年，普魯士帝國的教育改革家、義務教育推手威廉・馮・洪堡，創立了柏林大學，各學術領域的大師，如愛因斯坦、黑格爾、馬克思等，都曾經在這歷史上第一座現代教育大學中留下他們的身影。冷戰期間，柏林大學被劃入蘇聯勢力範圍內，學校對體制持批判態度的大學生嚴厲懲處，自由的學術與思想風氣不再，迫使部分師生從柏林大學出走，並在美國等西方陣營的支持下，1948年於西柏林成立「自由的柏林大學」，這座古老的世界學術中心從此一分為二，留在東邊的以創辦者為名「柏林洪堡大學」；而走向西方的則是「柏林自由大學」。

　　當年那群匆忙出走的教師與學生，在東柏林遺留下大量的書籍與學術研究資料，卻也帶走了最他們珍貴的資產「思想」，這些教師與學生們賭上一生要保護的，是知識的尊嚴和思想的自由，兩德統一後，兩校在東西方各自林立的系圖與藏書中證明，國際局勢與政治角力會隨著世代交替更迭，但人類的理性與對知識無止盡的追求，會始終在歷史的軌跡上照耀著文明。

除了國家圖書館，柏林最著名的兩座圖書館分別是自由大學的語言學圖書館與洪堡大學的格林中心。自由的語言學圖書館（Philologische Bibliothek）由英國建築師 Lord Norman Foster 建造，人稱其為「柏林的大腦」，除了外觀呈現橢圓形半球狀，內部中分為二的弧形設計，有如人腦的左右半球外，自習的座位更具巧思，沿著半球的邊緣地帶設置，像是真正人類儲藏知識的大腦皮層，在五層樓的皮層中，每天都有數百顆真實的腦袋與書本對話，發展更接近未來的知識。大學為一座城市的腦，當年設計師將此概念具象化地體現在圖書館的建築設計中，是神來的一筆，也使這顆「柏林的大腦」成為自由大學最美麗的資產。

另一座 2009 年才落成「格林中心」，位於城市的心臟地帶腓特烈大街，由瑞士建築師 Max Dudler 為洪堡大學所設計的新總圖，紀念對德語有卓越貢獻的語言學家及童書作家格林兄弟，格林中心與柏林的大腦相同，獲得過多次建築設計獎項，也是學生最喜歡的自習場所。大學圖書館比一般市立圖書館更重視的是，學生自習空間的規劃，格林中心的中空設計，將每層樓中央的自習座位設計成梯田樣式，讓陽光能穿過透明的屋頂，均勻灑落在每本正被翻閱的書本上頭，書架隨建築架構以口字型放置，而沿著口字型緊貼窗戶的是另一種自習的座位，一張桌子配有一道窗戶，窗簾還會跟著宰外光線的變化升降。走過各城市大大小小的圖書館中，這是我認為最適合停留的圖書館，也難怪就算避開期末考試時間的格林中心，也總是座無虛席了。

Philologische Bibliothek der Freien Universität Berlin（柏林自由大學圖書館）

- 030 83858888
- fu-berlin.de/sites/philbib
- Habelschwerdter Allee 45, 14195 Berlin
- U3 Dahlem-Dorf

Jakob und Wilhelm Grimm Zentrum （洪堡大學格林中心）

- 030 2093-99370
- ub.hu-berlin.de/de/standorte/jacob-und-wilhelm-grimm-zentrum
- Geschwister-Scholl-Str. 1-3, 10117 Berlin
- S+U Friedrichstraße

Chapter 8

Cultural Life

柏林電影場景
指南

城市片場

　　超市推車傾斜，雜貨散落一地，平日安靜的一條單行道上，倏忽架起了巨型風扇，報紙雜誌碎片漫天飛舞，幾片打上了房間的窗戶，開窗探頭一看街道，才想起近日貼在大門的一張紙條，上面寫著「電影《Cats&Dogs 2》的劇組將管制車輛並封街拍攝電影，造成居民不便，甚感抱歉。」

　　想不到有哪裡比柏林更適合拍攝電影了。這裡有低溫冷調的列寧式建築，可供希區考克捕捉每個驚悚潮濕的畫面；有廢棄機場裡的曠野空地，《饑餓遊戲3》便在那兒搭棚錄影；還有不輸巴黎的歐風巷弄即景，只消一個鏡頭，背後便有萬千故事道不盡的歷史景點——勝利女神柱、布蘭登堡門、圍牆與猶太紀念碑。

　　「整座城市都是導演的片場」這句帶點文藝范兒廣告詞，可以從幾部德國影史的經典電影中略窺一二。《欲望之翼》裡天使達米恩在破了一個洞的教堂頂上，凝視著冷戰末期的西柏林；《再見列寧》的孝順兒子亞歷山大，為了大病初癒的母親，在東柏林蒐集各式DDR時期產品，就是要在母親生活的一方天地中，重塑東德尚未崩解的美好年代。搶救男友的蘿拉，陷入薛西佛斯的困境，一次又一次地在相同的街道上奔跑，無數次的輪迴激發了蝴蝶效應，隨著每次Restart後羅拉行動的偏移，《蘿拉快跑》終獲圓滿結局。《竊聽風暴》的秘密警察則隱身於大城市中最孤獨微小安靜的角落，監聽一名熱情且才華洋溢的劇作家；在另一邊，《柏林男孩》在輕快的爵士樂中，混合詼諧與憂傷的色調，呈現當代柏林的樣貌。

Wings of Desire
《欲望之翼》

《欲望之翼》是仍活躍於世界影壇的德國電影巨擘——文·溫德斯的代表作,大部份的場景攝於圍牆倒塌前的西柏林。劇中天使達米恩偶在城市的屋頂上傾聽路人的心聲,有時一躍而下穿梭於人來人往之間,在地鐵中、在圖書館,在彷徨失意的人的耳際,絮語喃喃。

想一窺達米恩眼裡及當年溫德斯鏡頭底下的柏林,可自亞歷山大廣場 Alexanderplatz 搭乘 100 號或 200 號公車,由東柏林往西柏林行駛的路上(當然也可以由西邊的動物園站 Zoologischer Garten 坐回東邊亞歷山大廣場),途經柏林大教堂、勝利女神柱、波茨坦廣場、Sony Center、柏林愛樂、德國國家圖書館、提爾花園、世界各國大使館建築群、威廉紀念教堂等,其中勝利女神柱和有著賓士符號於樓頂的 Europa Center,以及美麗的國家圖書館,都是天使達米恩曾經駐足之地。

Potsdamer Platz (波茨坦廣場)	Staatsbibliothek zu Berlin (柏林國家圖書館)	Kaiser-Wilhelm-Gedächtniskirche (威廉皇帝紀念教堂)
potsdamerplatz.de	staatsbibliothek-berlin.de	www.gedaechtniskirche-berlin.de
Potsdamer Platz, 10785 Berlin	Potsdamer Straße 33, 10785 Berlin	Breitscheidplatz, 10789 Berlin
U2/ S1/ Bus200 Potsdamer Platz	M48/ M85 Kulturforum	S Zoologischer Garten

The Lives of Others

《竊聽風暴》

Stasi-Museum Berlin（秘密警察博物館）

www.stasimuseum.de

Ruschestraße 103, 10365 Berlin

U5 Magdalenenstraße

Gedenkstätte Hohenschönhausen（秘密警察監獄）

www.stiftung-hsh.de

Genslerstraße 66, 13055 Berlin

Bus 256 Große-Leege-Straße

Volksbühne Berlin（人民劇院）

www.volksbuehne-berlin.de

Linienstraße 227, 10178 Berlin

U2 Rosa-Luxemburg-Platz

Salon Karl-Marx Buchhandlung（卡爾馬克思書店）

www.karlmarx-buchhandlung.com

Karl-Marx-Allee 78, 10243 Berlin

U5 Strausberger Platz

曾獲奧斯卡最佳外語片的《竊聽風暴》，原文片名為《Das Leben der Anderen》，中文直譯為「他人的生活」，對我來說更貼近這部電影的精神。魏斯勒（Wiesler）是一名東德時期優秀的秘密警察（Stasi），對黨忠誠且監聽及訊問技巧高超的他，奉命監聽劇作家德瑞曼（Dreyman）。魏斯勒藏身於德瑞曼所居公寓的屋頂閣樓，白天戴著監聽耳機監控德瑞曼的一舉一動，夜晚回到空蕩的家中，付錢找性工作者陪伴，對方卻無時間多停留。在日復一日的監聽行動中，魏斯勒恍如真正進入了被監聽者的生活，他讀德瑞曼景仰的前輩作家雅思卡贈其之詩，並在雅思卡自殺後，聽著耳機傳來德瑞曼彈奏的輓歌《一個好人的奏鳴曲》，落下了眼淚。

最終魏斯勒解救了被共黨高層視為眼中釘的德瑞曼，卻必須在往後的日子裡，永遠待在地下室當拆信員。而獲救的德瑞曼始終不知道，曾經有這麼一個與他生命如此貼近的人物，一直到東德垮台，秘密警察及監聽記錄檔案公開，一切才真相大白。始終孤身一人的魏斯勒，在兩德統一後日日推著郵車進入公寓大樓分發廣告傳單。一天他經過一家書店，看見德瑞曼出了新書，書名是《一個好人的奏鳴曲》，他走進書店翻開了第一頁，上頭寫著「此書僅獻給 HGW XX/7」，那是魏斯勒曾做為秘密警察的代號。

《竊聽風暴》讓我們在一片黑暗的歷史中看到人的良心與人性的光輝。雖然這僅是導演兼編劇弗洛里安杜撰的故事，但片中出現過的秘密警察拷問、監禁等場景，都在當年的秘密警察總部及監獄實地拍攝，監獄現轉作記錄當年史料的博物館。有興趣深入了解那個每 160 人中，便有一人是秘密警察時代的朋友，不妨去一探究竟。

影片開頭帶出所有人物身份的舞台，位於米特區的人民劇院（Volksbühne Berlin），劇院前一座象徵盜賊經過無所不佔的「行走之輪」，為柏林著名地標。而劇終最觸動人心，監聽與被監聽人以閱讀的形式再次相遇的場景，則在卡爾‧馬克思書店，於 DDR 時期營業直今，電影《再見列寧》中也得以見其身影。

083

Run Rola Run

《蘿拉快跑》

Lola's Apartment（紅磚公寓）

Albrechtstraße 13-14, 10117 Berlin

S/ U Friedrichstraße

Gendarmenmarkt（御林廣場）

Mohrenstraße 30, 10117 Berlin

U2 Hausvogteiplatz/ U6 Stadtmitte

Oberbaumbrücke（奧伯鮑姆橋）

Warschauer Straße 43, 10243 Berlin

S/ U Warschauer Straße

Deutsche Oper（德國國家歌劇院）

www.karlmarx-buchhandlung.com

Karl-Marx-Allee 78, 10243 Berlin

U5 Strausberger Platz

電影《蘿拉快跑》中的蘿拉，為了拯救男友曼尼，必須在二十分鐘內籌到十萬馬克，行動失敗後，男友鋌而走險搶超市，蘿拉也被槍擊中死亡。未料，從死亡中甦醒的蘿拉發現，她竟然可以像打虛擬的電玩遊戲一般，不斷重置這二十分鐘，於是她一次又一次地來回奔跑於柏林的大街小巷，這段時間內與她交錯的樓梯間惡狗、父親及他的情婦、一群修女、騎腳踏車的男子、流浪漢、抬玻璃的路人，無論有意無意，過程中那些毫不相干的小事，都徹底改變蘿拉與男友最終的命運，這樣的環環相扣的命運網路及改變生命際遇的每個時刻之抉擇，或許就是中文所說的「因果」吧。

重複三次的二十分鐘，由蘿拉的家開始。那是一棟靠近施普雷河（Spree）的紅磚公寓，衝出門的她跑過柏林最古老的 U1 墨綠色鐵道下方，接著穿越有著雙塔的美麗奧伯鮑姆橋（Oberbaumbrücke）、經過古典的御林廣場（Gendarmenmarkt）及今日精品百貨林立的法國街區車站（Französischer Straße），最終抵達陶洛格尼街（Tauroggener Straße）。街角的超市是蘿拉第一次人生的終點，也是最後一次成功扭轉命運後的生命起點。

想按電影索驥的旅人們，千萬別學蘿拉在城市裡狂奔，挑戰二十分鐘內路過所有拍攝場景，如果按照影片尋訪背景中的真實地點，你會發現羅拉其實根本就是在瞬間移動！柏林的大眾運輸很方便，嗯，建議大家乖乖搭車吧！有機會還能途經男主角曼尼一開始被偷走十萬馬克，導致整個故事上演的德國國家歌劇院（U2 Deutsche Oper）車站月台喔！

084

Good bye, Lenin!

《再見列寧！》

East Side Gallery Berlin（東區藝廊）

www.eastsidegallery-berlin.de

Mühlenstraße, 10243 Berlin

S Ostbahnhof/ S Warschauerstraße

Museum der Dinge Berlin（日用品博物館）

www.museumderdinge.de

Oranienstraße 25, 10999 Berlin

U8 Kottbusser Tor

Alexanderplatz（亞歷山大廣場）

Alexanderplatz 1, 10178 Berlin

S+U Alexanderplatz

Karl-Marx-Allee（卡爾·馬克思大道）

Karl-Marx-Allee 10245 Berlin

U5 Frankfurter Tor

2003 年上映的電影《再見列寧！》是德國導演沃夫岡・貝克所執導的黑色喜劇，劇情圍繞著兩個一明一暗的欺騙，明的是飾演兒子的丹尼爾・布爾，為了信仰共產主義的母親，極盡所能維持 DDR（德意志民主共和國）尚未瓦解的假象，他蒐集已被淘汰的東德製醃黃瓜罐頭、拍攝政治樣板新聞、利誘小學生至母親床前唱愛國黨歌，看似荒唐的一連串「重建東德」行徑，實出自對母親的孝心及面對兩德統一，生活環境劇變的失落。而面對兒子的手忙腳亂，隱藏在母親心裡多年的秘密，直到不久於人世之際，才像是贖罪般的坦白——原來父親為了另一個女人拋妻棄子逃到西德，是母親為了掩飾自己膽怯，始終不敢離黨隨被迫害的父親遠走西德，所編造的謊言。

電影裡穿插不少 1989 年圍牆倒塌的真實新聞片段，當年分離數十載的兩德人民，含淚擁抱之地，也是東西柏林交界的象徵——布蘭登堡門（Brandenburger Tor）、東區藝廊（East Side Gallery）已成為柏林最熱門的觀光景點；劇中被起重機吊起，代表社會主義領袖列寧的雕像，也在歡騰中向東德人民道別，僅留下德意志民主共和國時期，為讚揚共產主義的理想社會秩序，而大興土木建設的電視塔（Berliner Fernsehturm）、亞歷山大廣場（Alexanderplatz）、卡爾・馬克思大道（Karl-Marx-Allee）及大道兩旁氣勢磅礴且統一的史達林式建築。

欲了解當年東德歷史的旅人，可以遊覽博物館島旁的「DDR 博物館」或參觀「德國歷史博物館」的常設展區；喜歡復古懷舊風格的朋友，十字山區的「Museum der Dinge」（日用品博物館）網羅二十與二十一世紀工業製造的產品，包含許多來自東德時代的小物、傢俱、日用品，可一窺當時人們的生活軌跡及設計品味。

085

OH BOY

《柏林男孩》

U2 Eberswalder Straße	Kunsthaus Tacheles(塔合勒斯藝術中心)
Kastanienallee 4, 10435 Berlin	Oranienburger Straße 54-56, 10117 Berlin
U2 Eberswalder Straße	S/U Oranienburger Tor

King Size Bar

Facebook: King Size

Friedrichstraße 112b, 19117 Berlin

U Oranienburger Tor

《柏林男孩》是一部城市裡的公路電影，講述失意青年尼可（Niko）在柏林一天的閒晃。清晨起床，尼可離開他無意深入交往的女伴，為了拿回酒測被吊銷的駕照，趕去見咨商師做心理評測，無功而返後想買杯咖啡來喝，卻被店員口中各種花式咖啡弄得暈頭轉向，最後只好作罷。是啊！現在連一杯最簡單的「Kaffee」都買不到了啊！

透過尼可的視角，我們可以看到當代柏林的變遷，以及生活在這個生氣蓬勃的大都市裡的人們，有欲卻不可得的失落。在他一天遊蕩中遇見的，有樓上的鄰居大叔，一見尼可便一股腦兒地將對婚姻痛苦的無力感宣洩而出；有曾是天才演員，如今卻因為不甘演爛劇本導致一直無戲可接的好友馬澤；有變漂亮的小學同學茱莉卡，雖然她已不再是幼時常被取笑的「豬莉卡卡」，但過往肥胖女孩的陰影仍在她心中揮之不去；有在酒館喝得爛醉的老人，他操著濃重的時代口音，囈語不詳地說著現代無人崇拜的希特勒、說著自己的童年，最後醉倒於路邊，被尼可送醫後死去。老人生命的結束代表一個時代的終結，而迎面而來的這個富裕新時代裡頭的人們，真的過得比舊時代好嗎？中斷法律學業被父親發現的尼可，被父親質問這些年來到底在做什麼？他回答：「我在思考。思考我，思考你，思考所有事情。」

由尼可公寓望向窗外，是高架地鐵站 U2 Eberswalder Straße，其恰巧是普林茲勞爾山區幾條著名的街道 Schönhauser Allee/ Danziger Straße/ Kastanienalle（栗子大街）的匯聚點，也是柏林無論白晝黑夜最有活力的區域之一，餐廳酒館咖啡廳小店林立，四處都是充滿藝術氣息的年輕人。茱莉卡與尼可和街頭混混發生口角的地方，位於不遠的酒吧街 Oranienburger Straße 上的塔合勒斯藝術中心（Kunsthaus Tacheles）前，其前身為百貨公司，圍牆倒塌後，東柏林人大舉遷往西邊，留下許多空屋被窮藝術家及龐克佔領；塔合勒斯便為最知名的一座。

原混合古典與哥德式建築的石頭外牆，二十年來成為藝術家們無所畏懼、大鳴大放的平台，其中寫著「How Long Is Now」的巨型塗鴉，更是發人深省的著名作品，可惜的是，塔合勒斯與週邊土地已於 2014 年底，被投資建商以 1.5 億歐元的大價收購，未來或許不再會有混混在此地流連，然而我們也無法再期待任何電影裡會出現它的身影了。這個富裕的新時代真的比較好嗎？我們都在思考。

Chapter 9

Cultural Life

柏林公園
&
市集指南

086

Preußenpark

✕

普魯士公園，最泰國的風景

有人說氣味是回憶的鉤子，因為腦袋裡接收氣味的嗅球與主掌記憶的海馬迴緊緊相連，比起看到與聽到，味道更能觸動念舊的情懷，跟著氣味，我們能回到任何曾經與過去。

每到晴朗的週末，普魯士公園（Preußenpark，也稱 Thai-Park，泰國公園）的草皮上總是聚集了許多等著被太陽曬的柏林人，他們拿著自家的野餐墊，以公園中間的泰國媽媽們為圓心，將餐桌鋪上草皮席地而坐，野餐的食物不用自己準備，只要帶些零錢就能向泰國媽媽們買到現煮的湯麵跟泰式小吃。

一九七〇年代到八〇年代，許多泰國婦女為了更好的生活選擇嫁來德國，她們隻身一人，漂洋過海來到遙遠的國度，語言不通，文化不同，身處異地的孤單可想而知，於是這些婦女們慢慢地聚集在一起，每週相約在普魯士公園，閒話家常，交換心情，說著家鄉的語言，偶爾分享自己做的家鄉菜，隨著社團的茁壯，這一道道有著熟悉氣味的料理，不僅撫慰了彼此的鄉愁，也漸漸地讓這些肩負著故鄉親人們生計的女人們，開拓了意想不到的財源。

Sa 來自泰國東北依善地區（Isaan）的一個貧窮農村，上完六年的小學義務教育後，父母希望她留在家中幫忙農事，不讓她繼續升學，自此 Sa 明白她成為老師的夢想就此告終。1983年，Sa 從一家婚姻仲介所認識了來自德國的Thomas，1984 年，她隻身嫁來柏林。只要有擺攤的日子，Thomas 便會陪著 Sa 來泰國公園，Sa 熟悉的下麵、燙菜、加料、調味、最後淋上清湯，Thomas 則偶爾幫忙遞湯麵給客人，偶爾遊走在野餐墊間收拾客人們的碗筷，在生意不特別好的時候也會邀三五兄弟到太太的攤子旁喝啤酒打屁閒聊。

不是所有泰國婚姻移民的婦女都像 Sa 這麼幸運，有丈夫的協助，也有無可取代的好手藝（Sa 的麵攤時常大排長龍，是最炙手可熱的攤位）。事實上更多的是獨自一人，扛著大包小包，也扛著家鄉親人生計的女性，她們在一周的尾端，距離故鄉萬里之遙的這塊小小草皮上，用自己擅長的一點點技能，換來不多的收入，卻周復一周地帶給柏林人充滿異國風情的悠閒午後，也為這個人來人往的城市，增添了幾許無可替代的鄉愁滋味。

Preußenpark

🏠 Fehrbelliner Platz, 10707 Berlin

🚇 U7 Fehrbelliner Platz

🕐 天氣好的週末

Tempelhofer Feld

🌐 www.thf-berlin.de

🏠 Platz der Luftbrücke 5, 12101 Berlin

🚇 S/ U6 Tempelhof

Tempelhofer Feld

機場公園

　　在好天氣的日子裡，柏林人在水平視野內幾乎看不到盡頭的草皮上野餐、慢跑、騎車、放風箏。這種最低消費的休閒方式，在各國大都市都有著居住正義問題的時刻，反而變成了一種奢侈。柏林的城市文化魅力，不僅帶來歐洲成長數量最高的觀光客，也吸引了無數移民在此定居，湧入超過 350 萬人，生活在約莫台北市四倍大的土地上。

綠地是柏林人的小確幸

　　為了解決大量住房需求及抑制飆漲的房價，政府規劃將機場公園的一部份開發為國民住宅及商業用地，卻受到居民強烈反對，縱使政府祭出同時加蓋公共圖書館等便民設施，居民仍認為政府正聯合建商及投資客，啃噬綠地，剝奪他們原有的生活方式。最終，在當地居民的抗議聲浪、公民團體的努力下，公投的結果一面倒，93% 的居民反對舊機場的改建計劃。比起土地開發帶來的經濟效益，柏林人更珍惜的是一塊綠地的保留，以及能在藍天白雲的草皮上悠遊，那樣的小確幸時光。

radioeins Freiluftkino Friedrichshain

radioeins Freiluftkino
Friedrichshain

95,8 radio

EIN KLASSIKER
FÜR EINE
NEUE GENERATION!

So 8. Jul 21:45

JANE EYRE

„EINE LIEBESGESCHICHTE
EBENSO INTELLIGENT WIE
LEIDENSCHAFTLICH!"

TOM
SAWYER

Freiluftkino

電影公園，夏日露天影院

露天電影是柏林人十分喜愛的活動，一到夏天，人們終於可以擺脫冬日的酷寒走出戶外，脫下大衣穿上夾腳拖沐浴在陽光中。在夕陽西下的時候，乘著微涼的風，三三兩兩的年輕人手拿啤酒坐在河邊，或是一家大小提著野餐籃閒坐在公園裡，等到夜幕低垂，河岸旁及公園的草皮上便會升起巨大的白色螢幕，搖身一變成為露天電影院（Freiluftkino）。

從五月底到九月初為期三個月，柏林有超過十多個露天電影放映地點，通常可用觀賞形態和放映的內容做區分。在觀賞型態上，除了一般在螢幕面前排排坐看電影的方式以外，還有浪漫的美式汽車電影（Drive in film），及在小型社區內，住戶不用出門，從自家陽台上就看得到螢幕的陽臺電影院（Balkonkino）。而放映內容方面，除了有因應柏林影展而生的夏季柏林影展「Sommer Berlinale」外，許多露天電影院每年也會規劃不同的節目，有的是院線片、有的專映紀錄片，或是不同主題的影展如邪典電影（Kultfilm Fest）、及未來短片影展（Future Shot Film Festival）等。

Volkspark Friedrichshain（人民公園）

🔗 freiluftkino-berlin.de

📷 +49(0)17624332297

🏠 Freilichtbühne im Volkspark Friedrichshain

🚇 M5, M6, M8 Platz der Vereinten Nationen

🕐 五月到九月

Boxhagner Platz

✕

哈根盒子廣場市集

　　Boxhagner Platz 週日的跳蚤市場受許多歐洲遊客歡迎，而星期六的有機蔬果市集，則是居民們消磨假日時光的好去處。孩子們身上黏了沙，在公園廣場的遊樂器材上騰鬧；外國人們則沾了滿身香料味，他們站在小吃攤前吃著俄羅斯餃子、阿爾巴尼亞烤肉，恨不得能把這些家鄉的氣味攢在口袋裡帶回家。在柏林最多年輕移民的哈根盒子廣場，有著柏林最國際化的週末市集，而沿著廣場週邊的 Fusion 漢堡店 Burgeramt、葡萄牙小酒館 Lisboa Bar、法式點心店 Macarons de Stéphane，也都是柏林知名的異國料理餐廳。

Wochen- und Ökomarkt am Boxhagener Platz

🌐 boxhagenerplatz.org

🏠 Boxhagener Platz, 10245 Berlin

🚋 Bus240 Boxhagener Platz

🕐 Sa 0900-1530

Winterfeldtplatz

溫特費爾特廣場市集

　　溫特費爾特廣場市集位於西柏林，是我逛過最舒服的市集。攤位數量多但不擁擠，擦身而過的多是當地溫和有禮的爺爺奶奶。廣場西北角的烤香腸與炸肉丸（Boulette）攤販，是附近居民吃了十幾年的老攤子；教堂前方的泰國餐車前，有德國人吃著很有台味的芹菜米粉湯；夏季限定的日本攤販，是柏林少數買得到日式麵包的地方。遠看是蔬菜攤的桌子上，擺滿了各種香草，那是歐洲人常入家常菜的調味料。

　　市集旁是柏林著名的彩虹社區，走在巷弄中不難發現同志友善的店家、酒吧、Spa。臨近的地鐵站 Nollendorfplatz，也裝置六色燈管圓頂，象徵「包容多元文化」的它，總是在暗夜裡綻放著美麗的光。

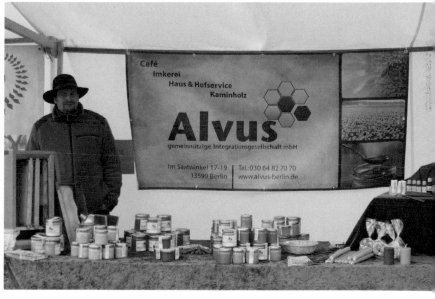

Wochenmarkt am Winterfeldtplatz

🏠 Winterfeldtstraße, 10781 Berlin

🚇 U Nollendorfplatz

🕐 Wed 0800-1400 / Sa 0800-1600Uhr

Kollwitzplatz

珂維茨四六市集

　　曾獲諾貝爾獎的德國作家葛拉斯（Günter Grass），於 1995 年出版的長篇小說《遙不可及》（Ein weites Feld）中，以東西德統一的政治事件為時代背景，反思自 19 世紀日耳曼民族統一、戰後分裂、到兩德復合的一段歷史。故事主人公 Fonty 就是居住在現今珂維茨市集裡的珂維茨街 75 號。

　　葛拉斯逝世後，記者走訪德國當代偉大作家筆下的柏林，途經珂維茨廣場時，發現這個曾為貧民窟的小區，近年來士紳化的程度竟是如此高。「珂維茨廣場上的母親們，驕傲地推著高檔有如小型汽車的嬰兒車，到咖啡館點杯拿鐵，然後坐下來和其它媽媽們熱烈聊著有機飲食潮流的話

題。」葛拉斯的著作透過小說還原了一個動盪的時代，而記者的當代觀察，則從媽媽們的午後，勾勒出了歐洲中產階級的後現代生活：幸福小家庭、健康飲食、環保消費、慢活樂活，是人們普遍的追求。

　　珂維茨公園兩旁，星期四還有 Organic Market，小農拿出自家生產的作物及美食、有機蛋、有機蛋糕、有機茶販賣。星期六的生活市集，更是 Kollwitzplatz 脫貧後邁向士紳化的優雅展現：法式甜點、公平交易毛料、手作玩具、設計盆栽，還有聖誕節期間專賣的槲寄生與冷杉植物，各式精巧的商品反映當地居民的日常。

物換星移，大環境下的人的處境不同，對於理想生活的詮釋自然不盡相同，《遙不可及》一書出版之際，曾被德國文學批評教皇萊尼斯基（Reich-Ranicki）撕裂成兩半，還公開表達對這位文學巨擘的失望。時隔二十載後回頭去看當年的作品、走小說主人翁走過的路，逛一逛街邊市集，無論一部文學作品的藝術成就如何，至少我們都還有這些文字與故事，誠實記錄作者筆下的那個時代。

Ökomarkt und Wochenmarkt am Kollwitzplatz

🌐 www.grueneliga-berlin.de

🏠 Kollwitzplatz, 10435 Berlin

🚇 U2 Senefelder Platz

🕐 Thu 1200-1900/ Sat 1200-1900

Mauerpark

橫跨東西德的市集

因為冷戰的歷史而重要的圍牆公園，現今因為跳蚤市場而受歡迎。過去盤踞於柏林的石塊崩落後，成了地面上的一條浮線，走在從前東西德的交界，可以看見地面上刻印的圍牆舊址，來自全世界的觀光客，都能在這座跳蚤市場上自由來去。

1961 年，為防堵蘇聯佔領區的居民奔走西柏林，蘇軍拉起封鎖線，八月十七日鐵絲網一夜築起，公園旁貝爾瑙爾街（Bernauer Straße）上的公寓被橫切一半，面向東側的大門被封鎖，居民夜半被驚醒，情急之中，許多住戶縱身往面向美英法佔領區的窗戶跳下西方世界。

來不及逃離的東柏林居民有的成了共產黨員，有的人還想盡辦法越過圍牆抵達西柏林。當時許多年輕人會到秘密警察觸及不了的民宅地下室挖地道，地底沒有牆、沒有軍人，是最能安全逃脫的辦法，現在兩德交界處貝爾瑙爾街的公寓底下仍保存了當時的地道遺跡，有興趣的朋友不妨參加柏林的地下世界（Berliner Unterwelten）組織的 Tour（berliner-unterwelten.de），裡頭有各種參觀柏林地底的導覽路線，其中包括介紹希特勒軍事碉堡、二戰時期防空洞、東德地道遺跡等值得一訪的特別景點。

夏日的市集人潮洶湧，專業舊貨賣家、業餘攤商、藝術家自製自賣，各類商品一應俱全。當然最受喜愛的是有柏林特色的小物及東德舊貨，老式相機、復古傢俱、印有 DDR 的迷彩外套……星期天的圍牆公園，是舊時代的集體朝聖，雖然沒有了牆，人們還是能把懷念的小紙條，化成紙鈔，寄情於這些舊貨攤商，把小紙條塞給賣家，然後帶些值得紀念之物回家。

Mauerpark

◉ www.flohmarktimmauerpark.de

⌂ Bernauer Str. 63, 13355 Berlin

🚇 U8 Bernauer Straße/ U2 Eberswalder Straße

🕐 Sun 0900-1800

093

博物館島與藝術市集

博物館島是柏林的文化心臟，島上有五座博物館、兩個藝術市集，和一座即將重生的宮殿。

柏林城市宮（Berliner Stadtschloss）在 15 世紀中期是布蘭登堡選帝侯的住所，1702 年開始，普魯士國王在皇宮進行了幾次大規模的擴建，將其打造成當時流行的巴洛克風格建築，雖不及法國路易家族的凡爾賽宮宏偉奢華，卻也在日耳曼地區輝煌一時。二戰時，聯軍猛烈的炮火使城市宮遭受重創；冷戰時代，共產東德視皇宮為帝國主義的象徵，將已經頹傾的建築物進一步炸毀，最後夷為平地。四百年來，普魯士皇族及歐洲名流、詩人、科學家曾來往駐足的宮殿，也隨著統治權力的更迭埋葬在塵埃堆底下了。

有人曾說，柏林是三兩天就能玩完的城市，但對喜歡藝術與歷史的朋友來說，一座博物館島便值得花一個星期的時間去探索，一天一座博物館、週六看皇宮、週日逛島上的藝術品市集，這塊施普河（Spree）環抱的半島，是世界文化的璀璨瑰寶，也是旅人來柏林，絕對不能錯過的景點。

Berliner Kunstmarkt am Zeughaus

www.kunstmarkt-berlin.com

Berliner Kunstmarkt am Zeughaus 1-2

S Hackescher Markt

Sat & Sun 1100-1700

094

Arena Hallentrödelmarkt

工廠跳蚤市場

　　施普河（Spree）旁有座佔地七公頃的紅磚建築群，那是 1880 年代 ABOAG 製造公共馬車（Omnibus）的工廠，當時柏林有超過三十家公車製造公司。二十世紀初，引擎技術逐漸成熟，公共馬車被公共汽車取代，輕軌電車開始在歐洲各大城市川流，ABOAG 等公共汽車公司被 BVG 併購，即為現今負責營運柏林的地鐵、電車及巴士的柏林運輸企業（Berliner Verkehrsbetriebe）。

　　工廠在二戰時被國家社會主義黨徵用為坦克製造工廠，戰爭結束，能遮風擋雨的廠房充為難民營。九〇年代 BVG 關閉工廠，1995 年漸轉作文化及商展用途，每年有近百場演唱會、萬人 Party、Event 在此地舉行。不堪使用的廠區則漸漸被廢棄物堆滿，商業頭腦特別好的土耳其人成立搬家公司，將顧客欲丟棄的二手物品搜集起來，拿到這裡囤積再轉手販賣，廠區內存放了廢棄傢俱、報廢輪胎、舊衣舊貨，以及各種人們想得到、想不到的生活用品。週末兩天的營業日，舊工廠成為了柏林唯一的室內跳蚤市場，柏林人像逛 IKEA 般地逛著 Arena 舊貨市集，穿梭在兩旁被雜物堆滿的窄道，累了便隨意坐上破舊的沙發上休息。也許，降低的視角能搜尋到更多被遺忘的小物，沒有太多觀光客知道的秘密倉庫，人潮不曾洶湧，挖到什麼舊貨寶貝，都能和土耳其大叔慢慢殺價。

Hallentrödelmarkt Treptow

🌐 www.arena.berlin

🏠 Eichenstr. 4, 12435 Berlin

🚈 S Treptower Park/ U1 Schlesisches Tor

🕐 Sun & Sat 1000-1800

MARIAK
Tel: (030) 787-16-0

Chapter 10

Cultural Life
柏林夜遊指南

095

Berghain

×

鐵克諾樂迷的狂歡聖地

Berghain 是世界最著名的 Techno club，大牌 DJ 與電子樂迷們趨之若鶩，響亮的名聲也吸引許多來柏林過夜生活的遊客，不過大多數的遊客和我的辣妹朋友們都面臨相同的窘境，早早排隊，裝扮美美，最後卻不得其門而入。

其實，網路上有一份流傳已久的「Berghain 入門指南」：

1. 別太時尚！我們在柏林，不是在巴黎。我們不信品牌與高級時尚這套，穿著輕便的黑衣就可以了，帶點對味的工業風也很好。

2. 別太聒噪！別表現得像來 Berghain 朝聖的觀光客，這樣實在太遜了。

3. 認真一點！裝酷很重要，如果 Doorman 問你有幾個人，請拿出大無畏的雙眼直視光頭與馬尾，伸出大拇哥以德國人的方式比出「1」。

4. 遊客掰掰！和你的朋友間隔三五人分開排隊（除非朋友很彎，他的氣質能幫助你 get inside），然後假裝誰都不認識，假裝自己毫不興奮，並保持這種姿態直到付完入場費獲得鴨鴨章的時刻。

這樣的入門 SOP，似乎把不流於俗的 Berlin Style 變成了歪斜的反骨，其實通過門房審查、於寄物處脫下黑壓壓外套的女孩兒們，有得穿得像變裝皇后一樣閃亮，有的男子則急欲發射費洛蒙，耳邊傳來的是什麼類型的音樂，也不甚在乎。

Berghain，曾經為世界第一名的電音夜店，始終都想傳達他們支持次文化、同志及類型音樂的信仰。制式化的入場規定也好，刻意的與眾不同也罷，只要堅守柏林的鐵克諾風格，Berghain 便有把握在星期五晚上到星期一清晨的 72 個小時內，從破舊的大型工廠之中、為同志專設的漆黑隔間房裡，創造出最迷幻的場域，在節奏與雷射光線交擊下碎裂常態，讓人遺忘無理道德、拋棄空虛主流。如果說六〇年代以降的搖滾樂具有革命靈魂，九〇開始的鐵克諾音樂，代表的即是抗主流的地下精神，為感受這樣的奔放自由而來此朝聖的觀光客，縱使不懂音樂、不說德語、被門房拒絕於千裡之外，我覺得也一點都不遜。

Berghain Berlin

🌐 www.berghain.de

🏠 Am Wriezener Bahnhof, 10243 Berlin

🚇 S Ostbahnhof

🕐 週六凌晨到星期一中午（據說星期天早上最容易進去）

096

Salon Zur Wilden Renate

分租公寓 Club

　　最有柏林氛圍的夜店有兩種，一種是「工廠型」另一種是「家庭型」。工廠型的 Club 如 Berghain、Treso，因為它們在柏林鐵克諾音樂發展歷史的重要程度及業界影響力，常在世界電子音樂之最佳夜店中榜上有名；而另一種我稱之為家庭型的 Club，它雖不比工廠型具代表性，但獨特的風格與氛圍，也是來柏林夜遊的朋友不可錯過的景點。

　　沒有機會參加柏林人舉辦的 WG Party 的朋友，可以到 Salon Zur Wilden Renate 坐坐。它是一棟尋常馬路邊的透天厝，裡頭卻被音樂切割成不同維度的次元空間，總能迷離夜色低垂後尋訪的過客於大大小小的房間裡。客廳是漂浮的 Dance floor，各異其趣的沙發與床讓人隨時可以最放鬆的姿態喝酒聊天，四層樓內有無數個秘密角落，你可以將自己當成魔鏡夢遊的愛麗絲，在別有洞天的世界裡冒險；也可以當成自家的別院住宅，邀請朋友到府坐坐。

　　完美的家少不了一座舒適的院子，Salon Zur Wilden Renate 的戶外庭院讓它顯得與眾不同，夏天，室外舞池伴隨啤酒和夜風；冬日，則成為烤火談心、浪漫賞月的溫馨小境。

Salon zur wilden Renate

☎ 030 25041426

◉ www.renate.cc

⌂ Alt-Stralau 70, 10245 Berlin

🚆 S Treptower Park

🕐 星期四晚上到星期日白天

097

About Blank

關於空白

去柏林的夜店要比你想像的更花心思。譬如你喜歡的是什麼音樂？今日的 DJ 有誰？這家夜店，有什麼樣的主張？ About Blank 便是將音樂結合其所支持的理念，努力在表演中設定議題的夜店，例如每月第三個星期五的 Party「Homopatik」，以無差別對待同志為題；「Love Techno；Hate Germany」則吸引了喜愛電子音樂以外的，反種族及國族主義朋友的熱情參與。

誰說酒酣耳熱之際不能傳達點理想的事？誰說 Deep House、Techno 與 Disco 在無詞的音樂中不是種更深層的語言？

身在越暴力的時代，我們越要用力狂歡，也許在大腦解放挖空之際，人才真正能以音樂為媒介，以赤裸的心面對與自己不相同的靈魂。

About blank

aboutparty.net

Markrafendamm 24c, 10245 Berlin

S Ostkreuz

星期四晚上到星期日白天

098

Teufelsberg

0528193970

http://neue.teufelsberg-berlin.eu

Teufelsseechaussee 10, 14193 Berlin

S Grunewald

Teufelsberg

真與假的魔鬼之山

　　希特勒曾夢想在柏林打造一個超越倫敦與巴黎的「世界之都」，象徵納粹德國的偉大，並將其命名「日耳曼尼亞」（Germania）。出身於建築師世家的 Speer，則完整重塑了整座城市的樣貌，其中包括一座 400 米高、能容納 15 萬人的世界第一大會堂，以及比巴黎凱旋門還高兩倍的柏林凱旋門。這些雄偉的建築物都是展示權力與民族光榮的載體，然而，隨著二次大戰結束，納粹政體瓦解，「日耳曼尼亞」終成幻影。

　　現今柏林的德意志歷史博物館內，看得見 Albert Speer（希特勒的御用建築師）設計的都市規劃模型，除了橫貫東西的六月十七號大道竣工，其餘的建設卻只活在設計圖裡。在紐倫堡大審中，Speer 被判為一級戰犯，深自悔悟並為納粹所犯下的罪行道歉的他，卻從未埋怨將他捲入黑暗時代的希特勒。也許在他心中，希特勒不僅是尊妄的狂人，也同時是賞識他才華的知音。

在日耳曼尼亞的藍圖裡，納粹的軍事防禦學院（Wehrtechnische Fakultät）應建於柏林西邊 Grunewald 的魔鬼湖區（Teufelssee），不過後來盟軍戰敗，那些被炸毀的建築殘骸及尚未完工的日耳曼尼亞工程，被聯軍掩埋堆，砌成人造假山。

冷戰時期間，人造山上設有美軍監聽蘇聯的通訊站。柏林位於低地平原，平均海拔在 70 米以下，因此，120 米高的人造假山就成了隱蔽重要諜報機構的天然屏障。白色的雷達球聳立於名為魔鬼的孤山上，和夜晚的月光一樣，總在人們睡得深沈時，悄悄覆沒整座城市。

兩德統一後，監聽站隨著美軍撤離而荒涼。2006 年的時候，政府將魔鬼山作為森林用地，不允許大興土木，也未將遺跡拆除。因此，舊監聽站被藝術家畫了滿牆塗鴉，也成為喜愛廢墟探險的熱門景點。2016 年開始，廢墟也開設了咖啡與露天藝廊，轉做休閒用途。

魔鬼山現有人管制，可花 7 歐（學生 5 歐）入內。進入後跟著地上的小貓塗鴉及貓腳印可找到進塔的入口。上到塔的最高處會經過一長段漆黑的階梯，最終抵達密閉的圓頂，裡頭因為特殊空間結構所造成的多重回音，能讓每一次呼吸都被聽得一清二楚。

099

Spreepark

施普雷河遊樂園廢墟

　　參加朋友的結婚公證時，結識了一名前東德國家羽球隊隊員 F，年近六十的她，前半生的歲歲年年過的是蘇共時代的日子，是真正來自東德的人。

　　民主政治與資本主義社會的價值觀念，衝擊著每個人的思想與生活。對改變特別深刻的，是圍牆倒塌時正值壯年的就業人口，例如 F，她和許多意識形態偏左、和她有著類似生命經驗的人們，總是懷想著東德時代，惦念著那些失落的好與不好。

F 說很受觀光客喜愛的戴帽紅綠燈小人（Ampelmännchen），其實也反映了柏林人對東德的眷戀。東西德合併後，首要任務就是讓已分治四十年的兩德「車同軌，行同輪」工人拆除東德時期所設計的交通號誌「帽子人」，重新安裝和西德相同的「綠巨人」。幾年過後，懷念過往的前東德人請求政府續用舊號誌，帽子人才又重返柏林的路上，成為了 DDR 東德時期存留下來最新潮的遺跡。

成為廢墟前的施普雷河樂園

令老東德人念念不忘的，還有施普雷河樂園（Spreepark）。原名是文化樂園（Kulturpark Plänterwald）的施普雷河樂園，是東德政府為慶祝成立二十週年，於 1969 年所開設的遊樂園，這第一也是唯一一座東柏林樂園。全盛時期，每年有超過 150 萬以上的入園人次，大人小孩坐上園內的摩天輪，鳥瞰一半的城市。

冷戰結束後，遊樂園隨之關閉，92 年買下私有化後遊樂園土地的維特（Witte）家族，將文化樂園易名為施普雷河樂園，重新營業，不過，風光卻已不再。圍牆築起的邊界消失了，摩天輪上看得見更遠的地方：西方世界光鮮亮麗、有麥當勞可口可樂，有各式各樣的消費娛樂，但遊樂園再也不是孩童唯一嚮往之處。最後，施普雷河樂園和柏林人的童年，一起停止在那個時代了。

荒廢多年的遊樂園雜草叢生，裡頭部分的遊樂器材在結束營業時，已經被賣往秘魯，40 公尺高的摩天輪還在，但早已停止轉動多年，強風吹來時，搖晃的車廂會發出嘎吱嘎吱的聲音。 被肢解的塑料恐龍與鐵鏽斑斑的旋轉木馬，則為這塊無人樂園帶來了些許詭譎氣氛，讓現今的施普雷河樂園成為廢墟探險者的熱門景點。

樂園成為廢墟的價值

我問小時候曾經在施普雷河樂園度過許多歡樂時光的 F，如果能找到買主重新營運，會想再去看看嗎？她說不了，膝下無子，老了也玩不動了。有人說一個人無論活了多久，他都無法超越他所處的時代，F 和許多東德人，卻乘著世界局勢的浪潮漂浪過了兩種時代。已經消逝的共產柏林有冷血的秘密警察、有奉命監視家人的線民，也有著東柏林人單純無憂的童年，柏林城市發展的腳步從未停歇，得到自由的人們雖懷念過去，卻不曾想過重返鐵幕時代，只是，沒有回憶的人太蒼涼，沒有廢墟的城市太寂寞，留著它們，令人覺得無論是何種樣貌的歷史，至少都還有一些值得人們眷戀或嚮往之處。

Spreepark

🌐 berliner-spreepark.de

🏠 Kiehnwerderallee 1-3, 12437 Berlin

🚇 S Plänterwald

100

Beelitz-Heilstätten

✕

貝利茲療養院廢墟

位於柏林近郊的 Beelitz-Heilstätte 貝利茲療養院，因 1991 年惡名昭彰的德國殺人魔「粉紅巨人」Wolfgang Schmidt 的連續謀殺案，以及曾作為戰時軍醫院、希特勒養病處的歷史，而被冠上恐怖醫院的稱號，也是鬼屋及廢墟愛好者的探險秘境。

十九世紀末建立的貝利茲療養院，其實是德國當時最美麗的複合式醫院。兩百公頃的園區內，有六十座建築物，沿著貝利茲車站北面的，是傳染疾病肺結核病人的療養區，南面則是非傳染病區；而南北兩面置於西側的是女性病患的居所，東側是男性。

療養院在歐洲已有很長的歷史，自古以來遠離城市「療養」治病，在歐洲皇室貴族間十分流行。工業革命後，作為德國主要工業城市的柏林，空氣污染及人口成長導致許多慢性病及傳染病的增加，急需能隔離病患養病的醫院。1898 年，西普魯士的退休保險協會，買下了柏林近郊貝利茲的大片森林土地，興建專治肺結核的療養院，歷經超過三位建築師的設計及擴建後，可容納超過千人的療養園區終於落成。

貝利茲療養院古典與現代兼具，除了被森林包圍，有陽光、乾淨的空氣及水的環境，適合結核病患居住。園區內還設有麵包房、香腸加工廠，生活機能完善；院內的果園也種植了蘋果、櫻桃、李子等，室內除了配有中央供暖、功能完善的復健室、現代水療設施 (包括一座八角穹頂的浴池室) 外，療養院還採用當時先進的鍋爐蒸汽發電設備，使其成為二十世紀初德國最為理想的養病之地。希特勒與最後一位東德領導人海涅克，都曾選擇在此地休養。

經過二戰轟炸與紅軍（蘇聯在東德駐紮的軍事部隊）佔領後，貝利茲療養院逐漸頹傾，直到廢墟攝影師潛入，拍下無人療養院中斑駁的美麗，世人才又漸漸記起這座曾經如此輝煌的建築，其中華麗的雕飾，經過歲月的洗鍊後還更顯風味，使得現今的貝利茲療養院成為熱門的電視、電影拍攝場景，包括波蘭斯基的《戰地琴人》，與樂團蘇打綠，都曾於柏林製作音樂錄影帶（《冬 未了》曾在此取景）。

Beelitz-Heilstätten

🌐 sites.google.com/site/beelitzheilstaetten/home

🏠 Str. nach Fichtenwalde 13, 14547 Beelitz

🚆 RE7 Beelitz-Heilstätten

🕐 五月 - 九月 0900-1900/ 四月 & 十月 0900-1730/ 十一月 - 三月 1000-1600

【好旅行】2APT05

柏林 的
100種生活

前衛藝廊╳公園野餐╳百年咖啡館╳電影場景
在歐洲的中心過日子

作　　　者	林尚縈（Dido）
責 任 編 輯	許瑜珊
內 頁 設 計	江麗姿
封 面 設 計	逗點國際
行 銷 企 畫	辛政遠
總 編 輯	姚蜀芸
副 社 長	黃錫鉉
總 經 理	吳濱伶
發 行 人	何飛鵬
出　　　版	創意市集
發　　　行	英屬蓋曼群島商家庭傳媒股份有限公司城邦分公司
香港發行所	城邦（香港）出版集團有限公司
	香港灣仔駱克道 193 號東超商業中心 1 樓
	電話：(852) 25086231
	傳真：(852) 25789337
	E-mail：hkcite@biznetvigator.com
馬新發行所	馬新發行所　城邦（馬新）出版集團
	Cite (M) Sdn Bhd 41, Jalan Radin Anum, Bandar Baru
	Sri Petaling,57000 Kuala Lumpur, Malaysia.
	電話：(603) 90578822
	傳真：(603) 90576622
	E-mail：cite@cite.com.my
展 售 門 市	台北市民生東路二段 141 號 1 樓
製 版 印 刷	凱林彩印股份有限公司
初 版 1 刷	2016 (民 105) 年 10 月
初 版 6 刷	2023 (民 112) 年 5 月
I S B N	978-986-93606-8-5
定　　　價	360 元

若書籍外觀有破損、缺頁、裝訂錯誤等不完整現象，想要換書、退書，
或您有大量購書的需求服務，都請與客服中心聯繫。

客戶服務中心
地址：10483 台北市中山區民生東路二段 141 號 B1
服務電話：(02) 2500-7718、(02) 2500-7719
服務時間：週一至週五 9：30 ～ 18：00
24 小時傳真專線：(02) 2500-1990 ～ 3
E-mail：service@readingclub.com.tw

版權聲明　　本著作未經公司同意，不得以任何方式重製、轉載、散
　　　　　　佈、變更全部或部分內容。
商標聲明　　本書中所提及國內外公司之產品、商標名稱、網站畫面
　　　　　　與圖片，其權利屬於該公司或作者所有，本書僅作介紹
　　　　　　之用，絕無侵權意圖，特此聲明。
Cover photo credit: Adam/vradenburg.de

國家圖書館出版品預行編目 (CIP) 資料

柏林的 100 種生活：前衛藝廊 X 公園野餐 X 百年咖啡館 X
電影場景，在歐洲的中心過日子 / 林尚縈著 . -- 初版 . -- 臺北
市：創意市集出版：家庭傳媒城邦分公司發行．105.10

面；公分

ISBN 978-986-93606-8-5(平裝)

1. 旅遊 2. 德國柏林

743.719　　　　　　　　　　　　105018140

致謝

謝謝最愛的媽媽，謝謝老爸，謝謝
一起長大的好姐妹們，謝謝在柏林
跟我一起冒險的朋友，謝謝最重要
的人生夥伴丞丞，謝謝溫暖又令人
嚮往的青峰，謝謝找到我的編輯，
也謝謝所有不認識的知音和我的第
二個家，柏林。